이찬우 교수의 한반도 평화경제론

동북아의 심장을 누가 쥘 것인가

이찬우 지음

역사인

현해탄 건너에서 본
한반도 평화경제와 민족공동체의 길

　지난해 겨울 중국 북경은 스모그에 휩싸였다. 눈부신 경제성장에 대해 자연은 이렇게 눈앞이 안보일 정도의 대기오염을 통해 경고를 준다. 중국사회는 경제체제를 사회주의 계획경제로부터 자본주의 시장경제로 바꾸면서 자본주의의 음울한 측면인 극단적인 물질만능주의, 경제격차, 환경오염, 만연한 부패 등 여러 문제가 곪아터지고 있는 중이다. 한국과 일본은 이미 자연과 사회의 경고를 받은 지 오래여서 나름대로 환경친화적이고 지속가능한 성장(sustainable development)을 정책으로는 추구하고 있지만, 한편으로는 성장동력이 멈추는 것이 아닌가 하는 불안이 밀려들고 있다.

　그렇지만 한편으로 2008~2009년 미국의 금융위기와 2011년 이후 유럽 재정위기로 세계경제가 휘청거리면서 국제사회의 시선이 부상하는 아시아에 모아지면서 아시아가 부흥을 향한 세계사적인 전환을 하고 있는 것도 현실이다. 특히 6억 인구를 가진 동남아시아는 아세안을 중심으로 경제통합을 통한 성장이 눈부시다. 한·중·일, 그리고 일본·호주를 잇는 생산과 소비 메커니즘이 동남아를 중심으로 비약하고 있다. 미국 오바마 대통령은 2012년에 '아시아로의 회귀'를 천명했고, 적대관계였던 미얀마를 우호국으로 빠르게 변신시키고 있다. 민주화운동의 영웅 아웅산 수치 여사는 정치가로서 국제사회에 미얀마에 대한 지원과 투자를 열심히 요청하고 있다.

그러나 아시아에서 경제력과 생산력 측면을 고려하고, 정치·문화 등 각 방면에서의 리더십을 놓고 보자면 중국, 한반도, 일본이 포진한 동북아시아가 중심이 될 수밖에 없는 구도이다. 남아시아의 인도가 아시아에서 또 한 축의 리더십을 발휘하려 약진하고 있지만 성장하는 아시아 지역경제를 견인하는 것은 역시 선진 경제지역으로부터의 투자와 문화 유입, 그리고 안정된 정치리더십의 조건을 갖춘 동북아시아지역이다. 이처럼 동북아시아는 아시아지역의 성장 견인력이면서 동시에 세계사적인 프레임 전환의 중심에 있다고 할 수 있다.

국가민족주의적 흐름 강화

이 중요한 전환기에 2012년 중국과 한국·일본의 정치권력이 교체됐다. 결과를 놓고 본다면 전반적으로 보수적이면서 국가민족주의적인 흐름이 강화되어 이대로라면 한·중·일 간에 지역협력보다는 지역갈등이 심화되지 않을까 우려된다.

중국의 시진핑 체제는 국내의 곪아터지는 정치·사회문제를 수습하는 한편 국제사회에서 미국과의 G2 전략게임에 나서야 하는 중대한 기로에 서 있다. 한치의 분열(위구르, 티베트 독립문제)도 용납치 않고 지방 간 격차를 줄이기 위해 낙후지역(동북, 중부, 서부)에 대한 투자를 우선하고, 대외적으로는 항모배치를 중심으로 해양(동지나해, 남지나해)으로 뻗어나가는 전략은 미국의 아시아전략(중국포위전략)과 부딪힌다. 중국과 미국은 상호전략행동에 따라 타협과 대립, 동맹의 재편 등 다양한 옵션으로 주변국을 긴장시킬 것이다.

일본의 자민당 신정부는 이전 민주당의 모호한 처신과 달리 자신의 전략적 지위를 미국쪽에 확실히 세웠다. 경제적으로는 엔저 유도를 통해 국제시장에서 가격경쟁력을 회복하고 재정지출을 늘려 내수와 투자를 확대하는 전통적인 성장우선 정책을 선명히 내세웠다. 미-일-한-동남아-일본-호주를 잇는 자유주의 시장경제권의 결합을 통해 중국을 견제하고 안전보장상의 이익을 추구하는 노선이 분명해지고 있다. 동북아지역에서 중국과 일본의 세기적 대립구도가 다시 형성되고 있다고도 볼 수 있다.

이제 문제는 한국이고 한반도이다. 시대사의 큰 흐름에 한반도는 쏠려갔다 쏠려오기를 반복했지만, 정치·경제·문화의 큰 버팀목을 만들고 민족정체성을 유지하면서 성장을 지속하고 있는 참으로 쓰라리지만 멋진 곳이다. 분단이 가져다준 체제대립 속에 북은 사회주의를, 남은 자본주의를 통해 양자의 변형과 재구성 그리고 중용을 추구하는 사상적인 성숙도 경험하고 있다. 양측 모두 체제운영의 미숙함이나 주객관적으로 험난한 환경에서 나타나는 정책 실패가 국가의 실패나 붕괴로 이어지지 않고 새로운 안정으로 귀결되어 가는 모습에서 한반도는 본질적으로 둘이 아니라 하나인 속성을 갖고 있음을 깨닫는다.

한국사회는 경제 격차와 부조리, 부패와 사회갈등이 더 첨예화하는 듯이 보이지만 그 과정에서 성숙해 가는 사회이다. 2012년 12월 대통령선거에서 '종북' 프레임이 50대 이상 세대에게 먹히고 그래서 보수정권에 표를 몰아주었다는 분석이 있지만, 사실은 성장과 안정을 동시에 바라는 마음을 야권이 끌어가지 못한데 문제가 있는 것이지 '종북' 프레임이 옳아서가 아니다.

그렇다면 한국사회가 앞으로 성장과 안정을 동시에 추구하려면 무엇을 해야 하는가.

첫째는 지속적인 일자리 확보와 일정한 경제성장 유지이다. 이를 만들어내려면 한국 내에서의 기존 일자리 공유만 가지고는 안 된다. 원래 하나였던 한반도 전체를 구상하는 새로운 경제상황을 만들어야만 일자리 확보의 새 길이 열린다. 그래야 투자확대를 통한 경제성장도 가능하다. 한국의 50대 이상 세대는 한반도 민족경제공동체의 열렬한 지지자들로 될 수 있다.

둘째는 동북아지역에서 한반도가 가진 지정학적인 위상을 열세에서 우세로 전환시키고 동북아의 대립구도를 평화와 발전구도로 전환시키는데 남북 간의 연계가 중요하다는 점을 국민적 공감대로 만들어야 한다. '종북' 프레임은 한국을 동북아에서 일본의 하위 열세국가로 만드는 제국주의적 관점에서 나온 인식임을 공감해야 한다. '종북'을 이야기할수록 한국은 국제사회의 주인이 되지 못한다는 것을 이명박 정부 5년간 뼈저리게 느꼈다. 한반도의 장래에 대해 한반도 사람들이 자주적으로 판단하는 것이 얼마나 중요한 것인가를 통감했다.

남북경협은 이제 단순히 남북교류와 협력 차원을 넘어 침체기에 들어선 한국경제가 살 수 있는 해법으로 거론되기 시작했다. 한반도의 남과 북은 스스로 화해하고 유무상통과 균형발전을 위한 경제협력을 통해 민족경제공동체의 공통이익을 확대해야 한다. 이를 통해 남쪽 경제는 새로운 고용과 성장의 활로를 찾으며, 북은 기술과 자본의 유입을 통해 농업성장과 생산력발전, 서비스산업의 성장이 이루어지고 국방공업에 집중되어온 경제자원이 인민경제로 돌려져 인민경제의 개혁이 더욱 탄력 있게 추진될 수 있을 것이다. 이는 과거를 부정하는 개혁이 아니라 미래지향적인 '긍정적 개혁'(Positive Reformation)으로 불릴 수 있을 것이다. 남북경협은 한국경제의 활로이자 동북아의 여의주를 쥐는 통로이다.

한반도의 민족경제공동체는 중국과 일본에 대해서도 협력과 상생을 추구하는 바, 중·일의 대립을 화해로 바꾸고 미국의 전략을 상생으로 전환시키며 동북아지역이 갖는 아시아리더십을 온전히 되살리는 여의주가 될 것이다.

이러한 문제의식을 가지고 한반도를 중심으로 하루가 다르게 변화하고 있는 동북아경제를 살펴봤다. 단행본으로 묶으면서 한국의 통일전문지 《민족21》에 2012년부터 연재한 내용을 중심으로, 과거에 썼던 동북아경제 관련 글을 추가했고, 일부 내용을 수정 가필했다. 이 책이 한반도가 온전한 민족경제공동체로 가는 길을 모색하는 데 조금이나마 도움이 됐으면 한다.

끝으로 어려운 여건에서도 흔쾌히 책을 출간해 준 도서출판 역사인의 여러 식구들에게 고마움을 전한다.

2015년 1월 5일
일본에서 이찬우

| 책을 펴내며 |

제1부
누가 동북아(용)의 심장을
쥘 것인가?

제2부
동북아 경제의 과거를
성찰하다

제1부

누가 동북아(용)의 심장을 쥘 것인가?

한반도는
용이 물고 있는
여의주

세계 2위 경제대국 중국, 기술력으로 무역입국의 전설을 만든 세계 3위 일본, 천연자원의 보고 러시아 그리고 몽골과 한반도. 동북아시아는 이제 세계 경제의 변방에서 중심으로, '과거'에서 '미래'가 되어가고 있다. 격동하는 동북아 경제의 변화 속에 한반도는 어떤 선택을 해야 할 것인가.

2012년은 1592년 임진왜란이 일어난 임진년으로부터 7번째 임진년이다. 그 420년간 세상은 얼마나 바뀌었던가. 바로 얼마 전 21세기 새천년을 이야기하던 때로부터도 10년 이상이 훌쩍 지났다.

중국의 상승과 침체된 한·일

동북아시아에는 2010년에 세계2위 경제대국으로 성장한 중국, 자원은 없지만 기술력으로 무역입국의 전설을 만든 세계3위 경제대국 일본, 인구는 적지만 에너지를 비롯한 천연자원의 보고를 가진 러시아 극동지역과 몽골, 그리고 한반도가 있다.

일본에 대해서는 어느 경제전문가도 앞으로 다시 높은 경제성장을 할 것이라고는 보지 않는다. 최근 20년간의 경기 침체, 노령화와 인구감소, 재정적자 문제에다 후쿠시마 원자력발전소 사고까지 있어 일본의 미래는 어둡다는 전망이 대세다. 그렇지만 1억2천만 명의 일본이 가진 기술은 아직도 세계 최고 수준이며, 자본력은 민간금융 자산이 1400조 엔(18조 달러)으로 연간 GDP(국내총생산)의 두 배에 달한 정부채권 900조 엔을 모두 매입하고도 남는다. 정치적 그리고 군사적으로 우경화한다는 우려가 있는 한편, 한류의 진원지이기도 한 일본은 아시아로부터 노동력과 문화를 다시 유입하고 교류하는 선진시장의 역할을 추구하리라는 것도 전문가들의 공통된 의견이다.

한편 13억 이상의 인구를 가진 중국은 개혁개방 이래 30년간 평균 9.8%라는 세계 경제사상 유례가 없는 고성장을 지속하며, 1988년 364달러였던 1인당 국민소득이 2010년에 4,357달러(구매력환산기준 7,400달러)에 달했다. 그리고 이 추세대로라면 2015년에는 1만 달러에 도달할 것으로 예상된다. 이미 연간 1만 달러 이상(구매력환산기준 약 2만 달러 이상)의 소득인구가 5,000만 명에 달하고 있다.

한국은 서울올림픽을 개최한 1988년 1인당 국민소득이 4,435달러였고 이후 7년만인 1995년에 1만 달러를 넘어섰지만, 아시아 통화위기로 곤두박질친 후 12년만인 2007년 2만 달러를 넘어섰다. 그러나 이명박 정부에서 고환율 정책을 쓰기도 했지만 경제성장이 정체되면서 2009년 1만7,193달러로 줄고 2010년 2만 달러 수준(구매력환산기준 3만 달러)을 가까스로 유지하는 형국이다. 한국인의 경제 수준은 경상기준으로는 일본인의 1인당 4만3,000달러의 절반에도 못 미치지만, 구매력으로 환산하면 일본인의 1인당 3만4,000달러에

4,000달러 차이밖에 나지 않는 수준으로 되었으니, 생활수준으로는 엇비슷하게 되었다.

1인당 국민소득으로 나라의 경제수준을 절대평가하는 것은 피해야 하겠으나 국제적인 경제비교 지표로 달리 대체할 것이 마땅치 않아 편의상 사용하게 된다. 지금 한·중·일 세 나라의 형상은 침체하는 일본, 엉거주춤한 한국, 그리고 욱일승천하는 중국의 모습으로 그려진다. 역사적으로는 500여 년 전인 15세기 명나라 전성기의 동북아시아가 연상된다.

당시 조선왕국은 명나라에 사대하고 일본을 무시하면서 자체로 번영하는 정책을 썼지만, 세종 대에 성공한 후로는 다음 시대에 임진왜란이라는 변란을 당하였다. 일본이 침체해 있다고 무시하다 당한 변란이었다. 그리고는 명나라에 대한 사대주의를 버리지 못해 새로 일어선 청나라를 무시하고 세상의 변화를 거부하다 병자·정묘 양대 호란을 당하였음을 한국 역사는 기억한다.

최근 10년간 가장 큰 변화의 중심은 역시 중국이다. 이는 19세기 중반 이후 150년간의 동북아 국제질서를 근본적으로 바꾸는 변화이다. 이제 중국이 동북아 경제에서 용의 몸통으로 되고 있음은 분명해지고 있다. 그러나 한국에는 지금도 중국을 냉전시대의 적대진영으로, 또는 후진국으로 무시하거나 과거 봉건시대의 종주국에 대한 두려움 같은 정서, 아니면 한탕으로 돈 버는 기회의 땅으로 생각하는 비이성적인 경향이 있다.

이명박 정부는 친미외교정책으로 중국을 무시하다 결과적으로 중국으로부터 무시당하는 형국을 초래했다. 세상의 변화를 거부하는 정권이 보여주는 냉전적인 집착이 또 다른 사대주의에서 오는 것임을 어찌 모르랴. 중국의 변화는 중국인에겐 진화(進化)로, 일본의 변화는 일본인에겐 퇴화(退化)로 인식된다. 진화의 다음은 무엇이며 퇴화의 다음은 무엇이겠는가? 그리고 한반도의 변화는 무엇이겠는가? 세상만물은 변화한다. 머물러 있지 않기에 그 순간순간 면밀한 판단과 방향잡기가 필요한 것이리라.

아직 한반도는 하나가 아니다. 완전한 둘도 아닌 어정쩡한 상태이지만 현실로는 별개인 둘이다. 이도 변화할 것이다. 그 변화를 거부하는 힘과 그 변화를 잉태해내는 힘이 있다. 북측이 어느 방향으로 변하고 남측이 어느 방향으로 변할 것인가. 그 방향이 한 곳일 때 한반도는 비로소 하나가 된다. 한반도를 지정학적으로 보면 동북아라는 용이 물고 있는 여의주와 같다. 하나인 여의주가 있어야 용이 승천한다.

그렇게 되자면 한반도에서 특히 북측이 경제적으로 변화, 즉 진화해야 한다. 그 진화하는 방향은 중국과 밀접히 연관되고 남측과 러시아, 일본은 물론 미국과 몽골까지도 아우르는 것이어야 여의주로서 자격이 있을 것이다.

우선 중국과 북측의 관계는 〈그림 1〉과 같은 구도가 형성되고 있다.

현실조건	**중국동북지역** • 경제발전이 상대적으로 낙후 • 지역내 격차 • 정부의 재정투자정책에 의존	**조선(北)** • 중공업기반 경제정책의 부진 • 소극적인 시장활용 • 중국동북지역의 통로역할

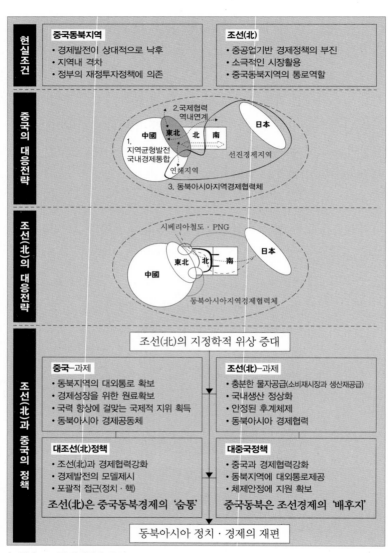

중국의 대응전략
2.국제협력 역내연계
中國 東北 北 南 日本
1. 지역균형발전 국내경제통합
선진경제지역
연해지역
3. 동북아시아지역경제협력체

조선(北)의 대응전략
시베리아철도 · PNG
東北 北 南 日本
中國
동북아시아지역경제협력체

조선(北)의 지정학적 위상 증대

조선(北)과 중국의 정책	**중국-과제** • 동북지역의 대외통로 확보 • 경제성장을 위한 원료확보 • 국력 항상에 걸맞는 국제적 지위 획득 • 동북아시아 경제공동체	**조선(北)-과제** • 충분한 물자공급(소비재시장과 생산재공급) • 국내생산 정상화 • 안정된 후계체제 • 동북아시아 경제협력
	대조선(北)정책 • 조선(北)과 경제협력강화 • 경제발전의 모델제시 • 포괄적 접근(정치 · 핵) **조선(北)은 중국동북경제의 '숨통'**	**대중국정책** • 중국과 경제협력강화 • 동북지역에 대외통로제공 • 체제안정에 지원 확보 **중국동북은 조선경제의 '배후지'**

동북아시아 정치 · 경제의 재편

〈그림 1〉 조 · 중 경제관계 구도

동북아시아 정치·경제의 재편

중국과 북측은 서로를 필요로 하는 관계가 강화되어가고 있다. 북측은 동북아에서 경제몸통인 중국 동북지역의 숨통이 되며 중국은 북측의 경제적 배후지가 된다. 그 구체적인 사례가 압록강하구와 두만강하구의 경제특구에 대해 중국과 북측이 '공동개발 공동관리' 하기로 2011년에 결정한 것이다. 앞으로 구체적인 개발이 집행되어갈 것이다. 그런데 북측이 동북아의 여의주가 되려면 동북아의 얼굴에 위치하되 입이나 입술이 되어선 곤란하다. 독자적인 존재로 살아가야 한다. 그러려면 한반도가 하나가 되어야 한다. 이것이 한반도가 하나로 여의주가 되는 길이다.

동북아경제를 움직이는 심장은 몸통에 있지만 심장을 누가 움켜쥐는가 하는 문제는 다를 수 있다. 한반도가 하나가 되어 여의주 노릇을 할 때 동북아의 심장을 움켜쥐는 숨통이 되리라 생각한다.

분단된 한반도는 동북아 평화의 핵심이다. 경제발전과 정치적 민주화를 동시에 경험한 남측의 사례가 세계의 모범이 되고 있다. 북측은 약육강식의 세계화라는 강대국 중심 자본주의 흐름에 대항하여 경제의 자주성을 지키고 지역 내 경제협력을 추구하고 있다. 평화(Peace), 발전(Development), 자주(Independence), 지역협력(Regionaliza tion) 이 네 가지 모토가 응축되어 있는 한반도가 하나가 되어 힘을 발휘할 때, 그것이 바로 여의주이며 그 다른 이름이 민주(Democracy)이다.

먼저 동북아 경제를 생각하는 단초들을 생각해보았다. 세상의 변화는 고요한 밀물처럼 오기도 하고 사나운 쓰나미처럼 오기도 한다.

한반도가
동북 3성 발전의
열쇠를 쥐고 있다

중국의 동북지방 경제발전 정책은 현재 정부 주도로부터 앞으로 정부 인도의 시장운영을 중시하는 정부–시장 균형발전의 방향으로 옮아가고 있다. 이 점은 향후 조선(북)의 경제개발정책에도 큰 참고가 될 것으로 보인다. 한편 중국의 동북지방 발전계획은 한반도의 협력 없이는 실현될 수 없는 한계가 있다. 그 이유는 무엇일까.

“ 2019년 2월 28일, 중국 심양에 있는 동북아무역집단 김철 총경리
는 아침부터 평양과 화상통화를 하느라 야단이다. 다음날 3월 1
일 12시에 서울 파고다 공원에서 열리는 3·1운동 100주년 기념식에
맞추어 평양에서 만들어 미리 보낸 축하 현수막에 글씨가 잘못 인쇄
되었다고 서울에서 클레임이 왔기 때문이다.

인터넷 화상으로 잘못 인쇄된 부분을 설명하고 평양인쇄회사가 다
시 수정하도록 지시한 후 김 총경리는 공항으로 가서 비행기를 탈까
하다가 심양북역으로 가서 10시 출발 평양행 고속철도 티켓을 끊었
다. 평양까지 500km이지만 두 시간이 안 걸리고 훨씬 경제적이기 때
문이다.

점심에 평양에 도착한 그는 평양인쇄회사 총사장과 온반을 먹고 겸
사겸사 사업이야기 꽃을 피운다. 최근 장사가 잘 되는 건 심양에 나와
있는 평양컴퓨터센터의 직원들이 만든 건물보안프로그램인데, 중국

2011년 6월 10일 나진항에서 열린 '나선경제무역지대 조·중 공동개발 및 공동관리 대상 착공식' 단상에 북·중 주요 참석자들이 도열해 있다. 착공식은 '두 경제지대 공동개발 및 공동관리를 위한 조중공동지도위원회'가 주최하고, 나선특별시 인민위원회와 길림성 인민정부가 주관했다.

에서 크게 히트 친 이 프로그램을 서울은 물론 동경에서도 팔 수 있을 것 같다는 거다. 수정한 축하현수막을 받아들고 김 총경리는 평양역에서 6시 출발 서울행 고속철도를 타고 1시간 만에 서울에 나타났다.

중국과 북측과 남측은 서로 관세협정을 맺고 사업가의 비자면제 협정도 맺었기 때문에 통관수속이 아주 간단했다. 심양-평양-서울 간 고속철도가 2018년 말에 개통되어 하루 12편이 왕복한다."

이상은 가까운 장래에 벌어질 수 있는 일을 상상하여 그려본 이야기다. 중국 동북지방과 한반도가 1일 여행권에 들어 경제적 연계가 심화된다는 시나리오이다. 그렇게 될 수 있으리라 생각한다.

여기에 등장하는 심양(瀋陽, 선양)은 옛날 고구려의 백암성이 근처에 있던 곳이다. 명나라때까지 심양(심수瀋水의 북이란 뜻)으로 불리다 17세기에 여진족 누루하치가 세운 청나라의 왕성이 되면서 1634년에 성경(盛京, 여진어로 무크텐)으로 개칭되었다. 그 뒤 청나라가 북경으로 천도한 후 1657년에 봉천부(奉天府)로 되었고, 신해혁명이후 장학량 장군이 1929년에 심양시로 되돌렸는데, 1931년 만주사변을 일으킨 일본이 다시 봉천으로 개명하였다가 1945년에 다시 심양시로 개명된 아주 복잡한 역사를 갖고 있다. 그렇게 보면 중국 한족의 입장에서는 심양을, 여진이나 일본의 입장에서는 봉천을 선호한 것 같다. 서양에서는 지금도 심양을 무크텐이라고도 한다. 심양은 현재 중국 요녕성의 성도이자 동북지방의 정치·경제·군사의 중심지이기도 하다.

동북지방이란 동북3성(요녕성, 길림성, 흑룡강성)과 내몽구자치구의 동부지구를 합쳐서 칭하는 말이다. 그전에는 만주(滿洲)로 불리웠고, "만주벌판 말을 달리는…" 노래도 있는 터에 〈좋은 놈, 나쁜 놈, 이상한 놈〉이란 영화도 개봉되어 우리에겐 일종의 향수를 자아내기도 한다. 더욱이 고구려와 발해의 옛 땅이라는 데에다 간도, 백두산이라는 단어와 함께 고토 회복의 감상론까지 더해지면 가슴이 먹먹해지기도 하는 곳이다.

원래는 청나라를 개국한 백두산 건주 여진 출신의 누루하치가 불교의 문수보살을 숭상하여 문수(몬주 혹은 만주)로 민족 이름을 개칭하고(여진에서 만주로) 나라 이름으로 삼았는데, 이 만주를 지역 이름 '만주(滿州)'로 만든 것은 일본이다. 고대사의 향수로 말한다면 고구려 땅이나 발해 땅이라고 말하는 게 감정이입이 더 일어날 수도 있겠지만 현대에 가까운 표현인 만주 땅으로 일단 부르고자 한다.

만주의 세 가지 얼굴

70여 년 전 만주 땅은 세 개의 얼굴을 하고 있었다. 하나는 땅을 차지한 일본의 얼굴이다. 일본과 한반도 그리고 만주는 일본제국경제권으로 엮였고, 특히 만주는 일본의 생명선으로 불렸다. 장춘(長春)은 괴뢰만주국(1931~45년)의 수도로 되면서 신경(新京, 신낑)으로 불렸다. 서쪽으로는 대련-봉천-신경-하얼빈의 남만주철도망, 중앙으로는 부산-서울-평양-신의주-봉천의 한반도 종단철도망, 동쪽으로는 나진-연길-길림-신경의 최단 철도망이 정비되어 일본이 대륙을 지배하기 위한 군사적·경제적 침로가 열렸다. 부산에서 봉천(심양)까지 급행 '히카리'호가 시속 45킬로미터로 약 21시간에 걸쳐 연결하였다. 대련에서 봉천(심양)을 거쳐 하얼빈까지 943킬로미터는 특급 '아시아'호가 최고시속 130킬로미터로 약 12시간 반에 연결하였다.

만주의 두 번째 얼굴은 농촌의 얼굴이다. 이곳은 옥수수, 밀, 콩 등 농산물이 풍부한 탓에 동북아의 곳간으로 불리기까지 했다. 일본 지배시대에는 자본주의 공업화를 뒷받침하는 값싼 농산물 공급지역으로써 개척단이라는 이름으로 일본과 조선에서 농업이민을 끌어들인

바 있다. 드넓은 만주벌판 농촌은 1990년대까지도 개혁개방의 여파가 미치지 않는 한적한 시골이었다.

예전 청나라가 중국 중원을 차지하여 만주족이 중원으로 대거 이주하면서 1644년 만주 땅에 군정을 실시하고 봉금령을 내려 한족과 조선인의 월경을 금지한 탓에 동북지방은 오랫동안 토지가 비옥해졌다. 1894년에 봉금령이 해제되어 만주 땅에 한족과 더불어 조선인의 이주도 본격화되었는데, 1900년경의 인구를 보면 만주족 80만 명에 한족 1,100만 명, 조선인은 수만 명 정도였다.

조선인 이주민은 1930년에 62만 명, 1945년에는 약 200만 명으로 늘어났다. 일본의 경제침탈에 내몰려 빈궁해진 사람, 원래 빈궁했던 사람, 민족독립을 꿈꾼 사람, 일제에 협력하여 간 사람 등 많은 조선인들이 만주 땅 동북지방으로 이주하였다. 농민이 대부분인 조선인들이 주로 이주한 곳은 연변지역(간도), 남만주 지역을 중심으로 한 산간 농촌이었다. 민족독립운동은 산간 농촌지역을 중심으로 유격대 무장혁명운동으로 이어졌다.

그리고 세 번째 얼굴은 중화학공업이 발전한 근대적 공업도시의 얼굴이다. 에너지원이 주로 석탄이었던 시대에 동북지역에 풍부한 석탄, 철광석 등 지하자원을 배경으로 일본이 괴뢰만주국 시기에 철강공업, 석탄화학공업을 대규모로 육성하였는데, 요녕성의 무순탄광, 안산철강이 대표적이었다. 심양(봉천), 장춘(신경), 하얼빈, 대련 등은 동북아의 근대적 공업도시로 성장하였다. 1943년 시점에서 동북지방의 공업생산이 중국 전체에서 차지하는 비중을 보면 기계류가 95퍼센트, 철강 91퍼센트, 전력 67퍼센트, 시멘트 66퍼센트 등으로 압도적인 비중을 차지하였다.

일본제국은 중화학공업을 군수공업분야(무기, 탄약)에 특화하였다. 그 때문에 1945년 일제의 패망으로 괴뢰만주국이 붕괴된 이후, 만주 땅을 차지하는 세력이 중국을 장악한다는 말이 나올 정도였고, 결과적으로 중국공산당이 1949년에 중화인민공화국을 수립하게 되는 물리적 기반이 되었다고도 할 수 있다. 그리고 1950년대에 찾은 흑룡강성의 대경(大慶) 유전으로 대량의 석유도 확보하게 되면서 1980년대까지도 동북지방은 농업과 대규모 중화학공업기지로서 옥수수와 총과 기름으로 중국을 지킨다고까지 하였다.

그러나 바로 이 점 때문에 동북지방은 국유기업이 강고하게 버티면서 농촌문화와 함께 보수적으로 되고 등소평 시대의 개혁개방노선에 뒤쳐지는 결과를 낳아, 경제성장이 정체되는 '동북현상'이라는 말이 나오기도 하였다.

동북진흥계획으로 거듭나는 만주·동북3성

그렇다면 만주 땅의 현재 모습은 어떠한가? 중국 동북지방은 1930년대 이후 정부주도의 자원의존형 개발모델(만주국 모델)로 조기 공업화를 이루어 60년 이상을 버텨오다 현대적 기술혁신을 도모하지 못한 채 주저앉을 뻔하였지만, 2000년대부터는 전국 평균 경제성장율을 넘어서는 성장으로 흥성거리고 있다. 현재의 주인인 중국정부가 2003년에 동북진흥계획을 수립한 이후 10년간 만주 땅을 동북아의 얼굴로 단장하고 있기 때문이다. 동북지방의 인구는 1억2천만 명으로 중국전체의 10퍼센트이고, 지역GDP도 전체의 10퍼센트 수준이지만 자원의 보고이다. 한반도의 경제발전과 뗄 수 없는 근린지역인 만주 땅이 이제는 고속철도가 질주하는 곳으로 개변되고 있는 것이다.

대련-하얼빈 구간(4시간 소요)이 2012년, 심양-단동(1시간 소요) 구간이 2013년 개통했고, 북경-심양(2시간반 소요) 구간이 2015년에 완공된다. 그리고 일제가 만들려다 중단되었던 동변도철도(목단강-연길-북중국경-단동-대련 1,389킬로미터)가 이미 완공됐다. 과거 일본의 얼굴로 대륙진출노선으로 형성되었던 교통로가 지금은 중국의 얼굴로 고속화되고 있고, 해양진출노선으로 180도 바뀌어 진행되고 있는 것이다.

중국정부의 동북지방 개발정책은 농업과 중화학공업을 위주로 한 정부주도형 자원공급기지와 중공업생산기지 정책을 개혁하여 동북아시아지역 경제협력의 중심기지로 발전시키는 것을 목표로 하고 있다. 즉, 지정학적으로 조선(북)과 러시아, 한국, 일본 등 근린국가들과 접촉하는 동북아의 얼굴이 되기 위해 '대외통로'를 확보하는 것을 가장 우선하는 전략적 과제로 삼고 있다. 장춘-심양-대련항 라인, 심양-단동-신의주-평양 라인, 장춘-길림-연변-나진항 라인, 하얼빈-목단강-블라디보스톡 라인이 그 대표격이다(그림 2 참조).

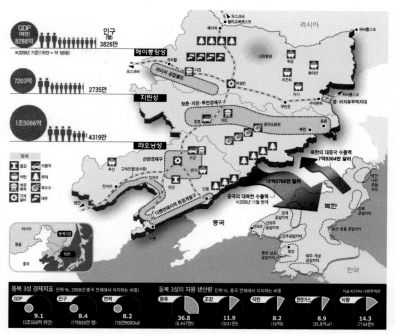

〈그림 2〉 중국 동북 3성의 현황과 북·중교류

 이는 70여 년 전에 일본이 구축했던 대륙방향 라인이 그대로 해양방향 라인으로 전환되고 있다고 볼 수 있는데, 동북아의 얼굴에 숨통(氣道)이 되어 주는 것이 한반도이며 직접적으로는 조선(북)이 그 길이 되어주고 있다. 숨통을 열려는 중국정부의 동북지방 개발정책은 장춘-길림-두만강지역에 대한 '장길도' 선도구 개발개방정책(2009년 정부비준)에서 구체화됐다. 조선과는 2011년에 경제특구에 대한 공동개발, 공동관리에 합의하여 나선경제무역지대와 황금평·

현 재   장 래

동북: 경제의 성장과도기	동북: 경제의 본격성장기

정부주도의 정책	정부–시장 균형발전

정책목표	정책지원	정책지원의 변화

• 농업우위
• 자원개발
• 생태보호
• 사회보장
• 전략산업 육성
  1. 기존산업
    • 기계, 자동차
    • 농산물가공
    • 석유화학
  2. 신흥산업
    • 신재생에너지
    • 신소재
    • 신약
  3. 서비스산업
    • 금융, 물류
    • 관광, 문화
	• 농촌지원(보조금)
	• 교통망 건설
	• 경제특구 지원
	• 공업단지 개조
	• 민간투자 유도
		• 국유기업 민영화
		• 개혁개방 : 민간기업+
		  국유기업+외국기업
		• 대외통로 확보
		• 무역 확대
		• 행정개혁
		• 사회보장프로그램:
		  연금, 보험제도 개선,
		  농촌일자리 창출
		• 사회개발프로그램:
		  교육지원, 창업지원

	자원의존형
	개발모델
		• 천연자원개발과
		  신산업육성의 균형
		• 지속적 경제발전을 위한
		  원동력 확보

〈도표 1〉 중국 동북지방의 경제발전 전망

위화도 경제지대에 대한 정부인도, 시장운영, 기업주체의 개발방식을 추진하기로 하였다. 1억2천만 명의 인구시장을 가진 중국 동북지방을 배후지로 하는 조·중 경제특구 공동개발은 향후 구체적인 개발에 들어갈 것이다.

여기서 주목할 점은 중국이 남방에서 추진한 개혁개방의 경험을 동북지방에 뿌리내리고 이를 다시 조선에 전파하려는 일련의 계획성이 보인다는 것이다. 동북지방의 경제발전 정책은 현재 정부주도로부터 앞으로 정부인도의 시장운영을 중시하는 정부-시장 균형발전의 방향으로 옮아가고 있다. 이 점은 조선(북)의 경제개발정책에도 큰 참고가 될 것으로 보인다.

동북3성 발전에 열쇠 쥐고 있는 한반도

중국의 대외진출(走出去)은 경제적으로는 무역통로 확보, 자원개발과 수입 등으로 나타나지만, 군사적으로는 동북아지역에서 동해로의 해군 진출이 목표이다. 한반도 안정화를 현 시기 전략적 목표로 삼고 있는 중국은 한반도에 대한 미국과의 군사적 균형을 확보하기 위해 항공모함을 필두로 하는 해군력의 진출을 관건으로 삼고 있다. 나진, 청진, 원산항은 중국해군에게 필요한 기항지 후보이다. 조선이 2009년 5월 핵실험을 한 후 중국의 대북 정책이 전략적 위상을 높여 조·중관계가 사상 최고수준의 우호관계로 된 데에는 중국의 이러한 현실인식이 자리잡고 있다고 하겠다.

그러나 중국의 정책은 한반도의 협력 없이는 실현될 수 없는 한계가 있다. 조선(북)이 중국과 협력하는 것은 지금의 남북대결관계에서 보면 필연적인 결과이지만, 조선의 입장에서 조·중관계가 남북관계보다 근본적으로 우위에 있지는 않다고 본다면 조선에게 중국 동북지방은 지렛대와 같은 것이다.

　현실적으로는 중국으로부터 실리를 취하면서 궁극적으로는 한국(남)을 일깨우자는 것이다. 이제 남측이 대답을 해야 한다. 남북이 합하여 중국의 숨통을 쥐는 여의주가 되어야 하기 때문이다.

동북아 경제협력의 거점으로 부상하다

러시아 극동지역은 기존에 있던 삼림자원, 수산자원에 이어 새로이 농산물, 에너지자원으로 동북아시아 경제권에서 젖줄이 되어가고 있다. 이와 관련한 국제협력이 구체화하는 과정에서 한국은 어떠한 역할을 할 것인가, 그리고 한반도가 그 과정에서 안정과 평화발전을 향유할 수 있을 것인가에 대해 새로운 시각과 능동적인 접근이 요구된다.

2017년 8월 15일 아침 6시 반, 서울 창동 아파트에 사는 이영주 씨는 아침준비를 위해 즐거운 마음으로 가스레인지를 켰다. 러시아에서 가스관으로 들어오는 천연가스가 북을 통과하여 첫 공급되는 날이다. 러-북-남의 새시대. 그리고 이날부터 가스 가격이 10% 내렸다. 아침 7시 블라디보스토크로 출장간 남편이 현대호텔에서 SNS로 연락을 해 왔다. "굿모닝! 여긴 9시야, 러시아 가스로 요리하니 맛있어?" "북극곰 냄새가 나던데…."

옛 해동성국(海東盛國) 발해의 15부 중의 하나인 솔빈부(率賓府) 땅, 그곳이 다시 역사의 주 무대로 등장하고 있다. 냉전시대를 거쳐 소련이 망한 뒤 20년 만에 경제개발이 현실로 나타나고 있다. 그 땅의 천연자원을 동북아지역 사람들이 함께 쓰기 위한 협력사업이 대두되고 있는 것이다. 석유와 천연가스 같은 에너지와 산림자원, 농수산물을 러시아가 중국, 한반도, 일본에 제공하는 공급자 역할을 하고 있다. 바야흐로 러시아 극동지역은 동북아의 젖줄이 되어가고 있다.

　오늘날 우리가 러시아 극동지역이라 부르는 지역은 고구려와 발해가 망한 후로 북방민족이 부침을 거듭하던 땅은 여진족(만주족)의 청나라가 지배하면서 중국 땅이 되고, 19세기에 다시 러시아로 할양된 땅이다. 두만강 하구의 동쪽 중국 땅이 러시아 땅으로 되면서, 하구의 섬이었던 조선 땅 녹둔도가 물길이 바뀌어 러시아 쪽에 붙었다하여 러시아 땅이 됐다. 힘없는 조선왕국은 눈뜨고 당할 수 밖에 없었다. 녹둔도는 이순신 장군이 처음 조산만호로 부임하여 활약했던 곳이다.

러 극동지역 경제개발, 중국 견제 의미도 있어

　이 땅, 러시아 극동지역의 경제형편을 좀 자세히 들여다보자. 러시아의 시각에서 보자면 극동지역은 우리의 시각보다는 그 범위가 훨씬 넓다. 러시아연방의 행정구역으로 보면 '극동연방관구'를 가리키는데, 면적은 622만평방킬로미터로 한반도의 28배에 달하고, 인구는 650만 명(2010년)이다. 인접한 중국 동북지방의 인구가 1억 명을 넘는 것에 비하면 인구밀도가 매우 희박하다. 이 인구 규모는 소련 해체시기인 1991년의 860만 명에서 210만 명이나 감소한 것이니 그 동안의 경제는 사실상 해체상태였다고 해도 과언이 아니다.

노동력 부족은 극동지역이 경제발전을 하는데 대단히 큰 장애이지만, 러시아 정부는 중국인의 이주를 극력으로 저지하고 있다. 왜냐하면 중국에게 이 땅을 다시 빼앗길까봐 두려운 것이다.

1990년대 극동지역에서 러시아정부는 급진적인 시장경제 이행을 위한 개혁을 시행했다. 이 과정에서 주민들의 복지를 책임지는 정부의 역할은 사라졌고 사실상 그 어떤 경제개발계획도 실시되지 않으면서 서부 유럽지역으로 이주하는 주민들이 속출했다. 남아 있는 자들의 경제는 마피아 집단이 지배하는 암시장 경제가 주류가 될 정도로 몰락했다.

2000년대에 들어 새로 등장한 푸틴 정부는 원유 등 국제 에너지 가격의 상승에 힘입어 재정수입이 늘자 비로소 '강한 러시아' 정책을 내세울 수 있게 되었다. 이를 바탕으로 푸틴 정부는 극동지역에 대한 경제개발에도 눈길을 돌렸다. 극동지역을 방치하게 되면 경제적 손실뿐 아니라 아시아태평양지역에서 러시아의 군사적·외교적 전략상의 균형을 상실해버릴 위험이 있기 때문이었다.

또한 아시아에서 지역의 새로운 강자로 등장하는 중국에 대한 견제정책이 배경에 깔려있기도 했다. 경제개발 정책은 주로 운송인프라 정비, 석유와 천연가스 개발과 파이프라인망 확대, 수산물자원 확보, 경제구조조정, 농업개발, 사회복지인프라 재정비 같은 것이었다. 이에 따라 극동지역의 지역GDP는 2008년 기준으로 약 620억 달러, 1인당 GDP 약 9,600달러로 성장했다. 중국 동북지역의 GDP 약 4,500억 달러와 비교하면 1/7 정도이지만 1인당 GDP는 2배 이상의 수준으로 되었다.

극동지역은 아시아태평양지역과의 경제협력 거점으로 천연자원 개발·수출, 중계수송, 농업 및 공업 개발 등을 위해 외국자본과 외국화물을 적극적으로 유치하고 있다. 2012년 9월 블라디보스톡에서 개최된 APEC 정상회담은 러시아 극동지역의 새로운 변모를 세상에 알리는 계기였다.

동북아의 식량창고 가능성 높아

이제 러시아 극동지역이 동북아의 젖줄이 되는 구체적인 사례를 들여다보자.

첫째로, 농업개발이다. 동토로 인식되는 러시아 극동지역이지만 지구 온난화의 영향으로 드넓은 초원지대가 농업개발에 적합해지고 있다. 노동력이 부족하지만 광활한 땅을 농업으로 개발할 수 있다면 러시아 극동지역은 동북아지역의 새로운 식량창고로 등장할 가능성이 높다. 중국이 자국의 곡물수요 증가로 곡물 순수입국이 된 상황에서 러시아 극동지역이 새로운 대안으로 등장하고 있는 것이다.

사실 한국에서는 1980년대 전두환정권 때 '광개토대왕 프로젝트'라는 이름으로 연해주 농업이민을 구상한 적이 있고, 1990년대에 고합물산의 장치혁 회장은 연해주지역 투자로 유명세를 탔다. 출생지가 연해주인 장치혁 전 회장의 부친인 장도빈 선생은 대한매일신보

〈그림 3〉 동부시베리아·극동지역의 천연가스파이프라인 통합망과 아시아태평양시장
(자료 : 가즈프롬사 자료)

의 마지막 주필이며 연해주로 망명하여 독립운동을 계속하신 분이었다. 장 전 회장은 연해주에 1만 1000ha에 이르는 대규모 농장을 인수하여 콩, 야채 생산과 축산업 투자를 추진하였으나 고합물산의 부도로 뜻을 이루지 못하였다.

스탈린시대에 중앙아시아로 강제 이주되었던 고려인들 중 일부가 1990년대 이후 연해주로 되돌아와 우스리스크 지역에 모여 살게 되어 그 수가 약 5만 명에 달하게 되고, 한국에서 여러 기업, 사회단체들이 연해주에 농업투자를 추진하여 콩, 옥수수 등을 생산·수입하는 사업을 추진하였다. 그러나 사전준비 부족, 현지정보 부재, 전문성 미흡, 러시아 현지기후에 적합한 생산방식 부재, 생산성 저하 등으로 사업에 실패하는 경우가 많았다. 2008년에야 10년 내로 곡물수입 수요량의 10%(138만 톤)를 해외농업개발로 확보한다는 '해외농업개발 10개년 계획'이 정부계획으로 수립되면서 연해주에 대한 농업투자에 정책자금이 지원되기 시작하였다.

현재 러시아 극동지역, 특히 연해주에서 콩, 옥수수, 벼, 양돈 등에 투자하고 있는 기업, 사회단체는 대순진리회, 유니베라, 바리의 꿈(동북아평화연대), 아리랑국제평화재단, 서울사료, 현대중공업 등 10여 곳이다. 특히, 연해주에서의 농업개발은 북에 대한 식량공급체계를 확보한다는 의미에서 시민사회단체들의 관심을 끌고 있다.

북도 러시아 극동지역에 대한 농업진출을 서두르고 있다. 2011년 10월에 북을 방문한 극동지역 아무르주 코췌마코 지사와 북 무역성 사이에 농업·축산·임업 등 분야에서 무역경제협력에 관한 합의서가 조인되었는데, 그 가운데 아무르주에 북이 5년 이상 가족을 포함한 농업노동자를 파견하는 농업협력이 포함되었다. 이후 2012년 2월에 이를 구체화하기 위해 북 대표단이 아무르주를 방문하여 2013년부터 북 농업근로자를 파견해 1,000ha면적의 농장에서 콩, 감자, 채소를 재배하는 문제, 2012년 내에 합작 염소농장을 건설하는 문제, 아무르주에서 북에 밀을 공급하는 방안 등을 논의하였다.

러 PNG가 LNG 대체할 경우, 가스가격 10% 하락 예상

둘째로 천연가스 파이프라인을 통한 가스공급이다. 한국가스공사(KOGAS)는 러시아 극동지역으로부터 천연가스를 도입하기 위해 1990년대부터 움직였다. 한-러 정부 간에는 2006년 10월에 가스공급협정이 체결되었으며, 러시아의 가즈프롬과 한국의 가스공사가 위임을 받아 2008년 9월에 양해각서를 체결하여, 2015년부터 북을

한반도 PNG 파이프라인 건설 구상
(자료 : 가즈프롬사 자료)

경유한 파이프라인천연가스(PNG) 공급에 합의하였다.

2011년 8월에는 고 김정일 국방위원장이 러시아를 방문하여 가스 파이프라인 건설에 합의함으로써 천연가스 공급구상이 한결 구체화되었다. 2011년 9월에는 천연가스를 2017년부터 한국에 30년간 파이프라인으로 공급하겠다는 새로운 양해각서가 가스공사와 가즈프롬 사이에 체결되었다. 공급되는 천연가스는 우선은 사할린에서 채굴된 것으로, 러시아정부는 사할린의 천연가스를 블라디보스토크까지 연결하는 파이프라인 공사를 2011년 9월에 완공했다. 러시아정부는 사할린에서 액화천연가스(LNG)를 한국과 일본에 직접 수출하고 있으며, 한국은 2011년에 사할린LNG 285만 톤을 수입(전체 도입량의 7.8%)하였다. 블라디보스토크에서도 LNG를 한국과 일본에 수출하는 계획을 병행하여 추진하고 있다.

한국이 러시아로부터 파이프라인을 통해 도입하게 되는 천연가스(PNG)는 연간 10BCM(LNG환산으로 약 750만 톤)인데 2011년 기준 총수입량의 20%이고, 가격면에서는 특별한 변수가 없는 한 액화천연가스(LNG)의 절반수준이 될 것으로 추정된다. 이렇게 되면 러시아산 PNG가 타국으로부터의 LNG도입을 대체한다고 할 때, 한국의 가스가격은 2011년 수입량을 유지하는 경우 전체적으로 10% 내려갈 수 있게 된다. 30년간 러시아로부터 공급받는 파이프라인 천연가스 총가격은 약 900억 달러에 달하는 대규모 프로젝트이다.

북측을 통한 파이프라인 건설에 대해서는 항간에서 북이 꼭지를 잠그면 어찌할 것인가, 안전보장상에 문제가 있지 않는가 하는 문제

제기도 있다. 북측이 파이프라인 통과료로 연간 약 1~1.5억 달러의 수익을 얻을 수 있을 것으로 여겨지지만, 이 문제는 남북 간의 화해와 협력이 대단히 중요하다는 것을 그만큼 웅변하고 있다. 그리고 만약에 발생할 리스크에 대한 회피방안으로 LNG도입을 동시추진하고, 이를 경제적으로 담보하기 위해 일본과 함께 블라디보스토크에 천연가스액화시설을 공동으로 건설하여 도입하는 방안 등이 검토되고 있다. 두만강 건너 핫산지역의 자루비노항이 LNG 수출항으로 검토되고 있기도 하다.

러시아 극동지역은 기존에 있던 삼림자원, 수산자원에 이어 새로이 농산물, 에너지자원으로 동북아시아 경제권에서 젖줄이 되어가고 있다. 이와 관련한 국제협력이 구체화하는 과정에서 그 주요한 수요자인 한국이 어떠한 역할을 할 것인가, 그리고 한반도가 그 과정에서 안정과 평화발전을 향유할 수 있을 것인가를 새로운 시각에서 능동적으로 접근해야 할 때가 되었다.

남북의 정치적 화해와
경제공동체 구축이
전제조건

분단된 한반도는 동북아 평화의 핵심이다. 경제발전과 정치적 민주화를 동시에 경험한 남측과 강대국 중심의 자본주의 흐름에 대항하여 체제의 자주성을 가지고 몸부림치는 북측이 맞닿아 있으며, 평화·발전·자주·지역협력 이 네 가지 모토가 응축되어 있기 때문이다. 한반도의 문제 해결이 곧 세계문제의 해결이고, 이 문제를 푼다는 것은 갈라진 한반도가 하나로 회복되는 것이다. 그 길은 한반도인이 한반도 문제 해결의 주인이 되어야 뚫을 수 있는 길이다.

2015년 8월 15일, 제주도 호텔에 수많은 기자들이 모였다. TV는 남과 북, 중국과 미국의 네 정상이 파란 하늘과 바다를 배경으로 공동선언 하는 모습을 생중계하고 있다.

먼저 남과 북의 정상은 세 번째 열리는 정상회담을 통해 "민족공동체 정신을 회복하기 위한 경제, 사회, 문화, 스포츠, 정치, 군사 등 제 분야에서의 협력을 재개하고 6·15공동선언과 10·4선언의 정신을 이어나가기로 합의"하였다. 그리고 미국과 조선은 국교정상화와 평화협정을 체결하며 한반도의 완전 비핵화를 추진하기로 선언하고, 중국과 미국의 정상은 한반도를 평화지대로 하는 국제협약을 UN에 제기하기로 합의하였다.

동북아에 비로소 평화와 번영이 깃들게 되었다.

이상은 곧 다가올 꿈의 한반도 정치지형 변화를 현실로 상상하여

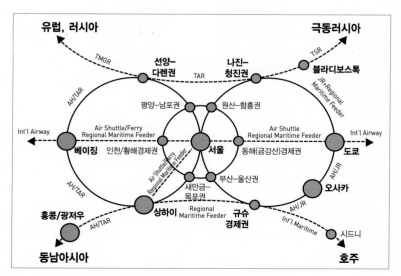

〈그림 4〉 한반도 국제연계망(동북아를 움직이는 여의주, 자료 : 국토연구원 2009)

그려본 이야기이다. 냉전의 유산이 공고하게 남아 있던 동북아가 이렇게 한순간에 바뀔 거라고는 아마 믿기 어려울 것이다. 그러나 이런 기회가 올 수 있다. 그것은 미국이 동아시아에 대한 정책을 바꾸는 것을 전제로 하는 것이지만, 그럴 가능성이 없는 것도 아니다.

'중국무시' MB정부의 한계

중동의 이라크와 아프간 전쟁에서 국력을 소모한 미국은 금융위기와 더불어 심각한 재정적자 위기를 맞아 전쟁 수행능력이 현저히 감소하고 있다. 경제회복이 급선무인 미국은 아시아의 성장하는시장에 주목하고 내수보다는 수출위주의 정책으로 전환하였다. 최근까지 세계무역의 기본구조는 한국, 중국, 동남아, 브라질 등 신흥국이 미국이나 유럽 등에 수출하고 미국은 내수 확대를 유지하는 무역불균형 구조였다. 미국은 이를 유지하기 위해 달러를 계속 찍어냈고, 이것이 금융과 부동산의 버블을 일으켜 리만 쇼크 이후 거품이 붕괴되는 경제위기를 맞았다.

세계 경제위기에 대한 대처과정에서 중국, 인도 등 거대시장을 가진 신흥국은 재정지출 확대와 임금인상 등을 통해 내수 확대정책으로 방향을 전환하였고, 아시아의 내수경제가 미국과 독일 등 서구의 수출경제를 밑받침하는 구조가 형성되고 있다. 참고로 중국의 대GDP수출비율은 2007년의 약 35%에서 2011년에는 26%로 하락한 반면, 미국은 2008년의 13%에서 2011년에 14%로 증가추세로 바뀌었다. 미국의 오바마 정권은 재정적자 문제해결을 위해 군사비 감축과 더불어 달러 약세를 활용한 '수출2배계획 정책'을 추진하고 있다. 한국의 수출드라이브 정책은 더 이상 미국시장을 향하기 어려운 상황이고 오히려 미국이 한국시장을 향한 수출드라이브정책을 펴고 있는 형국이다.

또한 미국은 아시아에서의 지위하락을 만회하기 위해 2011년 동아시아정상회담에 공식멤버로 참여하면서 'Come Back to Asia (아시아에 복귀)'를 표방하고, 베트남, 캄보디아, 타이, 미얀마(버마)를 잇는 동남아 동서경제안보회랑(대중국 억제), 한·미·일 전략적 군사협력, MD(미사일 방어망), TPP(환태평양경제동반자협정) 등 중국을 견제하는 일련의 경제외교 노선과 군사적 지역협력망 구축(군사비 현지분담)을 추구하고 있다. 이러한 시기에 한국정부가 미국의 이익에 적극 협력하여 주는 것이 미국에게는 무척이나 고마운 일이나 균형외교를 상실한 '중국 무시'는 과거 이명박 정부의 한계라 하겠다.

2009년이후 중국과 북측이 관계를 급속히 강화한 것도 이러한 일련의 변화에서 발생할 위험에 대한 대응이라는 측면이 있다. 또한 중국으로서는 정치외교 대국으로 성장하는 데 한반도를 유효한 수단으로 활용하는 기회를 잡았다고도 할 수 있다. 다시 말해 이명박 정부는 아시아 정세변화에 전략적인 대응을 하지 못하고 1970~80년대 '진영외교' 속의 소국주의(小國主義)로 일관해 미국에 사대한 결과 미국이 분할·지배(Divide and Rule)를 유지하는데 기여하였다고 할 수 있다.

분단된 한반도, 동북아 평화의 핵심

그러나 아시아의 상황은 예전과 다르다. 근세 이후의 서세동점(西勢東占) 시대가 막을 내리고 동아시아가 세계경제의 중심이 될 가능성이 높아지고 있다. 이제 아시아, 특히 중국을 포함한 동북아시아는 더 이상 개발도상국(신흥국) 소리를 듣지 않는 세계의 거대시장으로 변하고 있다. 과거 미국과 소련의 냉전체제가 만들어낸 한반도 분단이라는 기형적인 구조를 해체하는 데 유리한 국제환경이 조성되고 있다. 아시아인이 세계사의 주인이 된다는 의식이 움트고 있고 아시아에서 태어나는 문화가 세계로 확산되는 것도 느낄 수 있는 시대이다.

아시아 중에서도 동북아시아 지역은 냉전체제의 최전선에서 이데올로기대립과 전쟁을 체험한 바 있고 근대화와 세계화의 흐름 속에 경제성장을 이룩하면서도 고유의 문화와 자주적인 전통에 대한 집념이 유달리 강하다.

그 중에서도 분단된 한반도는 동북아 평화의 핵심이다. 경제발전과 정치적 민주화를 동시에 경험한 남측과 강대국 중심의 자본주의 흐름에 대항하여 체제의 자주성을 가지고 몸부림치는 북측이 맞닿아 있다.

평화(Peace), 발전(Development), 자주(Independence), 지역협력(Regionalization) 이 네 가지 모토는 세계 어느 곳이라도 추구해야 할 주제인데, 그 핵심고리가 한반도이다. 따라서 한반도 문제의 해결은 세계문제의 해결이라고 할 수 있다. 이 문제를 푼다는 것은 갈라진 한반도가 하나로 회복되는 것이다. 그 길은 한반도인이 한반도 문제해결의 주인이 되어야 뚫을 수 있는 길이다.

한반도, 강소국(强小國)이 되어야 한다

동북아시아의 대륙이 변화하고 있고 중국과 러시아가 동북아의 얼굴이며 젖줄로 등장하고 있다. 이들이 나아갈 길목을 쥐고 있는 한반도가 한반도인에 의해, 한반도인을 위해 하나로 될 때만이 동북아에서 강대국의 충돌이 완화되고 균형이 유지되는 평화시대를 이끌어 낼 수 있다. 한반도가 소국주의를 버리고 적극적인 강소국(强小國)이 되어야 하는 이유가 여기에 있다. 한반도가 하나의 나라가 될 때 이는 현실이 될 것이라 생각한다. 하나된 한반도는 동북아를 날아오르게 하는 여의주이다.

한반도가 하나 되는 꿈이 이루어지자면 한국인의 의식구조가 개변되어야 한다. 한국사회는 분단이후 지금까지 남북관계를 바라보는 관점에서 '남북통합적-민족우선 관점'과 '남북분리적-국가우선 관점'이 대립해 왔다.

전자는 남과 북이 동북아의 지역안정과 평화라는 국제적 환경을 주도적으로 만들어가면서 민족 내부적으로 유무상통의 협력과 평화통일을 지향하는 관점이다. 후자는 동북아지역의 강대국 간 질서에 따르는 안정적 현상유지론으로 남북관계보다 국제관계를 우선시하며 국가주의적 관점에서 일방주의적 통일을 지향하는 관점이다.

한편, 북측에서는 소위 '주체적 관점'이 유일하다고 할 수 있다. 이는 남북통일의 측면에서는 '남북통합적-민족우선 관점'과 통하지만, 북미관계를 남북관계보다 우선시하는 측면에서는 남측의 '남북

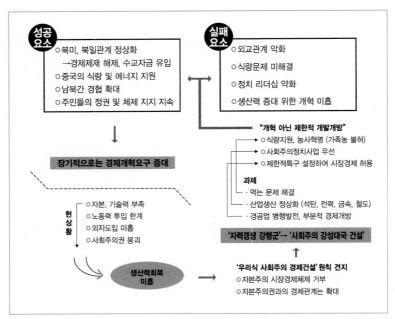

<그림 5> 북의 경제 회생전략 흐름도

분리적 – 국가우선 관점'과 통하고 있다.

북의 '주체적 관점'의 중심은 '선군사상'이다. 북은 선군정치가 한반도 전역, 즉 '전민족 범위에서 민족의 번영을 위한 정치'라고 주장하고 있다. 이는 민족공조의 주도성이 북에 있다는 사상인데, 남측 사회가 이를 그대로 받아들이면 남북의 대등하고 균형적인 관계는 와해되고 말 것이다.

따라서 우리에게 필요한 것은 남과 북이 대립하지 않고 민족주도의 통일을 추구한다는 관점을 견지하여 남북경제공동체를 비약적으로 발전시키는 것이다. 또한 동북아 평화구축에서 국제관계의 현실을 바탕으로 남북의 상호 안전보장을 전제로 한 북의 대외관계 개선을 지원하는 종합적인 관점과 이를 위한 법·제도를 정비하는 것이다.

북의 경제성장과 생산력 발전으로 체제가 유연해지고 탄력성이 생기는 것이 한반도의 평화와 번영의 전제가 된다는 것이다. 그러므로 북의 경제와 체제의 붕괴를 전제로 한 남북 공영과 통일은 불가능하다. 통일은 한민족이 동북아의 여의주가 되어 생존하고 번영하기 위한 수단이기 때문이다.

민족공동체 건설, 자주통일의 기반

남북의 하나됨을 위해 우선 추진해야 할 것은 유무상통의 민족경제공동체건설이다. 남북 간의 경제협력은 산업 간 상호보완성을 확대하여 균형적인 경제발전을 이루고 남북이 협력하여 산업의 국제경쟁력을 확보하기 위한 것이다. 남과 북의 정치적 상호신뢰는 아직 미약하지만 경제적 측면에서 실질적인 민족공동체를 추구하는 것은 자주통일을 추구하는 기반이 될 것이다.

민족경제공동체가 제대로 이루어지기 위해서 북측 주민의 생활수준이 향상되어야 하고 경제의 양적 성장도 이루어져야 한다. 현재 뒤처진 북의 경제수준을 끌어 올리기 위해서는 우선 '국가주도형 압축성장' 모델을 추구할 수 밖에 없을 것이다. 이를 '도약형 모델'이라고도 하는데, 이는 정보산업시대의 선진적 첨단산업을 집중적으로 육성함으로써 경공업 및 중화학공업의 경쟁력을 향상시켜 대외 경쟁력을 가진 산업을 키우고, 이를 바탕으로 주민의 생활수준을 향상시키는 방법이다.

내수규모가 적은 북한에서 이 모델이 성공하기 위해서는 ① 도약을 위한 산업기반 정비, ② IT 등 도약의 중심산업 육성, ③ 도약의 중심지역 육성, ④ 상품시장의 확대 등이 이루어져야 한다. 그런 점에서 경제특구 형성과 외자유치는 이러한 조건을 달성하고 경제를 성장시키는 견인차 역할을 할 수 있다.

남북 간에 경제공동체를 만들기 위해서는 정치적 화해를 위한 더 많은 노력이 필요하다. 남측 당국은 북측의 경제개발 문제에 대해 좀더 적극적이고 자주적이어야 한다. 그리고 북측 당국은 현재의 경제를 정상화하고 발전시키는 가장 올바른 전략이 남북 사이의 화해와 협력을 통한 상호 경제발전임을 인식하고 남측과의 대화를 최우선하여야 한다.

박근혜 정부와 북측 정부는 이러한 시대의 꿈을 실현하는 정부가 되기를 바란다.

경제성장 발판으로
'대국굴기(大國崛起)'
야망

중국을 안다는 것은 무척이나 어렵다. 중국인도 중국을 모른다고 한다. 동북아의 몸통이자
세계의 몸통으로 등장한 중국을 대하는 유일한 길은 숨통을 쥐는 길밖에 없다. 중국의 숨통
을 찾아야 하고 중국이 바라는 길목에 있어야 한다. 한반도가 하나로 되어 강해져 있을 때
만 중국이 제대로 보일 것이다. 거기가 숨통이기 때문이다.

2012년 5월 3~4일 북경에서 중국과 미국 간의 제4차 중·미 전략 경제대화(Strategic and Economic Dialogue : S&ED)가 열렸다. 2008년 뉴욕발 세계 경제위기 이후 중국이 국제사회에서 가지는 정치경제적 영향력을 반영하여 2009년부터 시작된 미국과 중국 사이의 안보와 경제에 관한 최고전략대화가 매년 양국 수도를 번갈아 가면서 열리고 있다. 명실상부한 G2 회의라고 할 만하다.

항간의 상식어가 되어버린 G2(Group of Two)란 말은 아직 국제사회가 공식적으로 인정하거나 사용하는 말은 아니지만, 국제사회를 미국과 중국이 사실상 주도하고 있다는 항간의 인식이 반영된 말이다. 원래 미국과 유럽, 일본으로 이루어진 서방중심의 국제질서를 반영한 G7에 러시아를 참여시킨 G8이 다원화된 세계를 반영하지 못함에 따라 G20(주요 20개국 정상회의)까지 이르게 된 국제질서 조정체제가 구체적인 영향력을 발휘하지 못하는 한계가 노출되면서 국제사회의 실질적 리더가 직접 전략대화를 하는 쌍두체제에 힘이 실리는 모양새이다.

중국, 'G2' 대신 'C2'를 제시

그런데 중국은 이러한 국제사회의 패권질서를 용인하는 G2라는 개념을 받아들이기보다는 패권의 실체를 반영하되 인식틀을 새로이 제시하는 노련함을 보여주었다. 즉, 패권을 상징하는 G2라는 말 대신 C2라는 새로운 용어를 미국에 제시했다고 한다. C는 조정 (Coordination)과 협력(Cooperation)이란 뜻의 공동체(Community) 라는 의미로, 중국과 미국이 대등하게 협력하여 국제사회를 조정하 자는 다양한 의미가 내포되어 있다고 한다.

  C2라는 용어에는 1954년에 주은래 수상이 인도의 네루 수상과 공 동선언으로 국제사회에 제시한 '평화5원칙'에 충실하면서 그 연장 선에서 국제사회를 주도한다는 노련함이 엿보인다. '평화5원칙'이 란 국제사회 질서의 원칙으로 ① 영토·주권의 상호 존중 ② 상호 불 가침 ③ 내정 불간섭 ④ 평등 호혜 ⑤ 평화적 공존이라는 다섯가지 원칙을 말하는 것으로, 중국의 대외정책의 기본원칙이며, 특히 동남 아 10개국으로 이루어진 아세안의 운영원칙에 영향을 주었다.

  중국은 어떻게 하여 성공하고 있는가, 그리고 어떤 대외전략을 갖

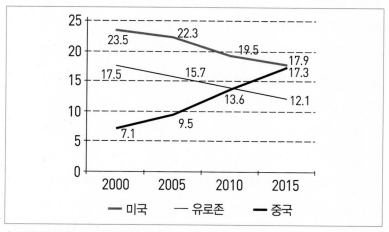

〈도표 2〉 주요국의 경제비중 추이(구매력환산 PPP기준, 자료 : 세계은행)

고 있는가, 중국내부의 아킬레스건은 없는가, 중국과 어떤 관계를 가져야하는가 라는 의문은 미국만이 아니라 국제사회 특히 아시아국가들의 큰 관심사이다.

중국의 경제성장 속도와 그 규모는 이미 한국의 경제성장 경험을 능가하였다. 13억 이상의 인구를 가진 중국은 개혁개방 이래 30년간 평균 9.8%라는 세계 경제사상 유례가 없는 고성장으로 1인당 국민소득이 2011년에 5,449달러(구매력환산기준 8,394달러)에 달했다. 그리고 이 추세대로라면 2015년에 1만 달러에 도달할 것으로 예상된다. 중국의 경제규모는 2015년경에는 미국의 수준에 도달할 것으로 예측되고 있다. 동북아 국제질서는 근본적으로 바뀌어 중국이 동북아 경제에서 용의 몸통으로 되고 있음은 분명하다. 중국의 경제성장 과정은 외자도입을 통한 고정자산 투자 증가와 수출 증가, 노동력투입 증가, 생산성 향상 등이 견인한 것인데, 중국은 미국식 글로벌화의 최대 수혜자였다고도 할 수 있다.

그러나 과거 한국이 그러했듯 무역에서 미국시장에 의존하는 수출중심의 경제정책은 미국시장의 부침에 영향을 받기 쉬워 2008년 리먼 쇼크 이후 미국과 유럽의 경기위축으로 수출이 급감하는 위기를 경험하였다. 중국은 내수를 진작하는 정책으로 선회하고 그 방법으로 정부의 재정지출을 통해 공공사업 투자를 확대하거나 보조금 지원 등 소비확대 정책을 실시하고 있다. 또한 인민폐 평가절상 압력과 높아진 임금을 피하기 위해 아시아지역 내의 경제협력으로 해외투자를 강화하는 것으로 새로운 발전의 모멘텀을 창출하였다.

내수확대 측면에서는 4조 인민폐(약 680조 원)를 투입한 경제대책으로 지방의 생활소비재 수요, 자동차 및 부동산 수요를 촉진하면서 경제성장을 회복하였다. 아시아지역 내 경제협력 방식은 인구 6억, 경제규모 1조 달러의 단일시장인 동남아지역을 발판으로 'ASEAN+1' 형태의 자유무역협정(FTA)을 체결하여 아시아지역 내의 지역경제공동체를 주도하는 구도이다.

그리고 이와 함께 중·일·한의 3국간 FTA를 추진하는 방식으로 동남아 아세안의 중간자 역할을 활용하면서 미국의 영향력을 약화시키고 중국의 이익을 최대화하는 전략이라고 할 수 있다. 이미 일본의 주요 제조·유통·기술 업체들을 인수합병하는 중국기업들이 늘고 있다. 섬유업체인 레나운, 가전업체인 산요, 금형업체인 오기하라, 유통업체인 라옥스, 태양전지재료회사인 MSK 등이 중국기업으로 넘어갔다. 경제불안으로 자금위기에 봉착한 실력있는 중견기업들이 중국기업들의 주요 타겟이 되고 있다.

앞으로 문제는 중·일·한 간의 자유무역협정 등 경제협력이 중국의 의도대로 추진되겠는가 하는 것과 함께, 부시 정부의 신자유주의 시장강화정책(워싱턴 컨센서스)의 실패에 비하여 정부 재정지출을 확대함으로써 내수진작을 유도하는 정부유도형 경제성장정책(베이징 컨센서스) 방식이 성공할 것인가 하는 것이다.

정부의 역할을 강조하는 방식은 이미 일본이 실시했고 한국과 말레이시아에서 성공을 거둔 바 있으며, 2012년 당선된 프랑스의 신임 올랑드 대통령도 재정긴축보다 재정투입을 통한 경제성장정책을 내

놓았다. 그러나 일본은 결국 재정적자 위기에 봉착하여 공공투자가
경제성장을 견인하는데는 한계가 있음을 보여준 바 있다.

한국의 이명박·박근혜 정부는 공기업을 매각하여 재벌주도의 시
장에 경제성장을 맡기는 시장주도형 정책으로 회귀하고 있지만 중
국은 사회주의 경제정책의 기본정신이라고 할 수 있는 '정부 인도
(政府引導)' 원칙을 강화하고 있는 셈이다.

대미 최대 무역흑자의 딜레마

동아시아지역에서 중국은 명실상부한 몸통이다. 중국을 몸통으로
가장 먼저 대우한 나라는 공교롭게도 미국이다. 미국은 일본과 전
략경제대화를 진행해 왔지만 그 내용은 미·일동맹을 강화하는 군
사안보협력이 위주이고 경제문제는 이제 부차적이다. 그러나 중국
과는 다르다.

앞에서 언급한 중·미 전략경제대화를 보면, 2011년 5월 워싱턴
에서 열린 제3차 대화에서 2010년 3월 천안함 침몰 사건 이후 한·
미 간의 공동군사훈련 등으로 미·중 군사관계가 극도로 악화된 것
을 조절하기 위한 전략안보대화가 진행되었다. 경제 문제에서는 세
계 경제위기에 대응하기 위한 미·중의 입장 조절이 진행되어, 양
국 간에 '미·중 아시아태평양협의(U.S.-China consultation on the
Asia-Pacific)'를 설치하여 동아시아지역에서 미·중 간의 갈등을 조

정하는 기구를 만들었다. 이때부터 중국과 미국이 국제사회 질서 유지를 위한 실질적인 G2로서 역할을 하기 시작하였다고 할 수 있다.

미·중 아태협의는 2012년 3월까지 세 차례 개최되어 북한, 미얀마 문제 등 동아시아 지역 현안이 논의되었다. 그리고 2012년 5월 3~4일 북경에서 열린 제4차 대화에서는 6자회담의 조기개최 추진 등 북한 핵문제에 관한 공동협의를 확인하는 안보대화와 함께, 경제대화에서 중국의 내수확대 정책을 활용하여 인민폐의 평가절상 등을 통해 중국시장에 적극 진출하려는 미국의 시장개방 요구가 거세었다.

그러나 결과적으로 보면 중국이 미국에 대하여, 미국이 바세나르협약을 통해 중국에 대한 군사전용가능 전략물자의 수출통제를 함으로써 "첨단기술제품의 수출을 미국이 제한하고 있는 것이 더 주요한 이유"(중국 진덕명 상무부장, 2012.5.3)로 지적하면서 첨단기술 수출제한의 완화를 요구하였고 미국이 이를 인정하고 대중국 수출규제를 완화하게 되었다.

또한 중국 인민폐를 국제통화기금(IMF)의 바스켓 통화로 사용할 수 있도록 하자는 중국의 주장을 미국이 지지하고 중국 공상은행이 미국의 은행에 투자하여 지분을 인수하도록 승인하는 등 경제 측면에서는 중국의 요구를 미국이 거의 들어주다시피 하였다. 미국은 중국시장에 진출하여 미국의 수출을 늘리는 것이 급선무인 사정이고 중국의 외화자금을 미국에 묶어두는 것이 절박한 상황이기 때문이다.

중국 정부는 미국에 대한 무역흑자뿐 아니라 미국의 국채를 다량으로 보유하고 있는데, 미 재무부 중기채(10년 미만)와 미국 재정적자의 주범이라고 할 수 있는 신규 발행 국채를 구매해 2012년 3월 현재 약 1조 1,800억 달러로 세계에서 가장 많이 미국채를 보유하는 국가가 되었다(중국 정부의 외환 보유액은 3조 3,000억 달러).

미국의 경제위기와 달러의 가치하락은 장기적으로는 기축통화인 달러에 도전하는 위안화의 위상을 강화할 수 있는 기회가 될 수 있다는 측면에서는 중국에게 호재이지만, 미국채에 투자한 투자자로서 중국은 동시에 경제위기의 영향을 입게 되는 구조이다. 중국의 대미 수출도 어려워진다. 중국은 점진적으로는 수출시장을 다변화하고 미국채 구입을 조절하면서 중국의 위상을 강화하는 방향으로 갈 것이다. 그 동안은 미국과 평화공존하는 것이 외교정책의 중심이라고 하겠다.

북핵 문제에 대한 중·미 동상이몽

중국은 한반도 문제, 특히 북한의 핵개발에 대한 대응에서 미국과 더불어 G2의 쌍두체제를 실현하고 있는데, 중·미 간의 전략에는 일치점과 차이점이 있다. 일치하는 부분은 한반도의 비핵화와 안정유지, 6자회담 등을 통한 공동 대응이다. 그리고 서로 다른 부분은 북한을 국가체제로서 인정하는가 아닌가 하는 점이다.

미국은 북한과의 관계정상화는 핵문제 해결이후에나 검토할 사항으로 판단하고 있으며, 극단적으로는 북한체제의 전환 또는 붕괴를 상정한 군사훈련도 실시하고 있다. 중국은 북한과 뗄 수 없는 역사적 관계를 가지고 있으며 북한의 내정에는 간섭하지 않는 원칙을 견지하며 공동발전의 틀에서 협력의 파트로 대하고 있다. 이러한 가운데 미국은 북한의 비핵화를 달성하는데 중국의 실질적 협력을 얻을 가능성에 대해 확신을 잃어가고 있는 형국이다. 그리고 중국은 미국이 북한과의 관계정상화를 실제로 할 것인지에 대한 확신을 잃어가고 있는 상황이기도 하다.

동아시아의 몸통다운 큰 덩치인 중국의 놀랄만한 성장은 중국에게도 새로운 책임을 부여하고 있다. 중국 내에서는 '대논쟁'이라고 불리는 국가정책에 대한 활발한 논의가 진행되어 왔다. 그 핵심은 등소평이 제시한 '도광양회(韜光養晦)'를 계속 견지할 것인가, 아니면 중국의 핵심적 이익이라 할 ① 국가의 체제와 안정 ② 국가주권과 영토보전 ③ 경제사회의 지속적·안정적 발전을 지키기 위해 적극적으로 행동할 것인가 하는 논쟁이다. 그 방법론으로서 유소작위(有所作為 : 꼭 필요가 있을 때는 적극적으로 한다. 장쩌민 1990년 4월), 화평발전(和平發展 : 국제사회와 평화롭게 발전. 후진타오 2004년 4월), 대국굴기(大國堀起 : 대국으로 우뚝섬)와 같은 슬로건들이 제시되기도 하였다.

백가쟁명식의 여러 방안들이 제시되고 있지만 중국 정부가 추진하고 있는 대외 정책은 ① 안정된 대외관계 유지, ② 경제와 안보의 균형, ③ 아시아에서의 미국 영향력 축소와 동아시아경제협력체 구축 등으로 정리할 수 있다.

이를 위해서 적극적인 경제외교를 통해 무역자유화, 공공투자 지원, 동남아 경제회랑 구축, 한반도의 안정화를 위한 북한 지원 등의 외교정책이 진행되어 왔다고 할 수 있다.

이러한 가운데 중국 내에서 경제발전 방식에 대한 좌우대립이 심각해지는 양상을 띄고 있다. 덩샤오핑의 개혁개방 정책이후 경제에 대한 중국지도부의 기본방향은 공산당 지도라는 대원칙하에 시장인정, 사유화, 기업소유제 변화 등과 같이 오른쪽으로 전환하는 방향이었고, 이것이 사상해방으로 이어져 장쩌민 전 주석의 '3개 대표론'으로까지 정석화되어 헌법에 명시됐다. '3개 대표론'은 중국공산당이 선진사회 생산력의 발전요구(사영기업가), 선진문화의 발전 방향(지식인), 광범위한 인민의 근본 이익(노동자와 농민)을 대표해야 한다는 것으로, 중국공산당이 노동자와 농민의 이익만이 아닌 자본가와 지식인의 이익도 대변하고 그들을 당에 포함시켜야 한다는 것이다.

경제정책에서는 시장경제정책을 실시하고 덩샤오핑의 선부론(先富論; 먼저 부를 축적한 지역이 앞서나가야 다른 지역도 그 부를 나눠가질 수 있다)의 과실을 챙긴 상해 등 연해지역의 선진경제지역 지도자들이 장쩌민을 축으로 이른바 상해방 세력을 형성한 바 있다. 이들 지도부는 덩샤오핑의 정통후계를 자처하지만 덩샤오핑 스스로가 1989년 천안문 사태에 대해 강경진압을 지시하고 이에 머뭇거린 자오즈양 총서기를 쫓아낸 경험이 있는 바와 같이, 정치문제에 대해서는 공산당의 지도체제 유지강화를 신념으로 갖고 있다.

한편으로 후진타오 총서기와 원자바오 총리를 중심으로 한 세력은 공청단(공산주의청년단) 출신을 정치적 배경으로 공산당의 선거제를 포함한 정치개혁을 주장하고, 경제정책에서는 빈부격차 해소에 중점을 둔 조화사회론(과학적 발전관)을 제시한 바 있다. 새로 최고지도자가 된 시진핑 주석은 상해방에 가까운 이른바 태자당 출신이고, 리커창 총리는 공청단 출신으로 후진타오의 오른팔로 요녕성 당서기를 역임하여 중국 동북지역을 정치기반으로 하고 있다.

공산당 정치국 상무위원회 9인의 집단지도체제인 중국에서 향후 정치발전과 경제발전에 관한 '대논쟁'이 이루어졌는데, 중경시 당서기 보시라이 실각사건은 그 첨예한 대립의 상징이 되었다.

경제의 세 측면이 생산·교환·분배인데 중국은 개혁개방이후 생산과 교환 측면에서 사회주의 시장경제라는 이름의 '정부 인도 시장경제'를 진행해온 상황에서 그동안 무시되어 왔던 분배 문제, 즉, 격차해소와 복지 그리고 더 나아가 민주적 의사결정에 의한 부의 분배 문제가 본격적으로 제기되고 있는 상황이다. 그러한 면에선 후진타오의 공청단 세력이 그 중심에 있었지만 공산당 내에서는 소수파였다. 상해방과 연계한 시진핑의 중국은 분배 문제에 소극적일 것이라는 우려가 제기되고 있지만, 시진핑은 강한 중국, G2의 중국을 배경으로 국제적으로 더욱 영향력을 발휘하는 '대국굴기'의 중국을 건설하는 방향에 설 것으로 보인다.

한반도에 대해서도 북한과의 우호관계를 중시한다는 전제하에 한반도 안정유지 정책을 추구할 것으로 보인다. 하지만 리커창의 기반인 중국 동북지역 개발에 대해서는 시진핑이 적극적이지 않고 상해 등 연해지방 선도발전에 기울어져 있어 북한에 대한 실질적인 경제 정책으로 중국 동북–북한을 연계하는 경제개발에는 소극적이 될 것 이라는 우려도 동시에 나오고 있다.

근본적인 불안 요소는 확대재생산

중국이 국내 경제문제에서 정부주도의 시장조절과 진흥정책을 지 속하여 지역 간·계층 간 격차를 줄일 수 있을 지라도 중국이 안고 있 는 근본적인 불안문제는 여전히 확대 재생산될 우려가 있다. 그것은 환경파괴를 전제로 한 경제성장, 자원고갈, 인명무시와 같은 경제성 장 과정의 마이너스 유산과 더불어 티베트, 위그르 문제로 대변되는 소수민족 통합문제이다. 중화주의로 무장한 민족주의가 강한 중국 을 지향하면 할수록 국내 소수민족의 정체성이 해체되고 주류 한족 문화에 통합되면서 지역개발도 한족 위주의 개발이 되어가는 양상 을 띠게 된다. 위그르 이슬람계민족 분리독립운동, 티베트 분리자치 운동은 그 연원이 과거 청나라가 정복한 통치면적을 사회주의 신중 국이 그대로 이어받아 분리독립을 막은데 있다.

동북지방의 조선민족은 신중국 혁명과 건설에 참여하여 연변자 치주라는 소수민족 자치권을 부여받았다. 몽골족도 내몽고자치구 를 허용받는 등 소수민족이 국가건설에 협력하면 자치를 허용하지만 분리독립에 대해서는 무력으로 진압하는 중국의 중화민족주의는 어찌보면 관제 민족주의이다.

중국이 이러한 내부문제를 슬기롭게 헤쳐나가려면 주변국가들과의 평화공존은 물론 국내의 민주적 발전을 이루어야 한다. 경제성장과 더불어 민주적 제권리에 대한 욕구도 증가하는 시민사회의 등장을 사회주의국가에서 어떻게 포용할 것인가는 중국사회의 통합을 유지하기 위해서 대단히 중요한 문제이다. 역사적으로 볼 때 부르조아 시민혁명을 거치지 않고 봉건사회에서 단축적으로 인민민주주의혁명과 사회주의 건설을 이룩한 중국에서, 인민의 정권하에서 인민이 별도의 시민사회를 형성한다는 것이 어떠한 의미를 갖는 것인지 또 다른 차원의 사상해방의 문제가 제기될 수도 있을 것이다.

이에 대해 중국정부는 노련한 대응을 보여주고 있다. 인권문제를 아킬레스건으로 짚고 들어오는 미국에 대해 맹인 인권활동가인 천광청씨를 미국에 유학이라는 형태로 망명을 허용해버린 것이다. 중국은 내부에 사회문제를 안고 있지만 국력에 맞게 대범해지고 있다.

용의 몸통이 된 중국을 둘러싼 동북아 각국의 대응은 아직까지 구태의연하다. 대륙세력과 해양세력이라는 대립구도 하에 한·미·일 군사동맹 강화가 절실하다는 '진영논리' 입장이나, 중국과의 협력을 확대하여 중국을 지렛대로 활용해야 한다는 '외교논리' 입장이나 중국을 모르고 하는 소리임에는 매한가지다. 특히 한국정부에서 북한에 대한 대응과 관련하여 '통중봉북(通中封北)'론을 흘리는 분위기는 그야말로 외교논리이면서 외교를 모르는 소치이다.

남북의 연계가 강화되어야만 한국의 국제적 역할이 높아지고 주변국을 지렛대로 활용할 수 있다는 것이 한반도의 지정학적 역학이다. 남북 분단과 북의 고립을 위해 중국과 협력할 수 있다는 것은 고구려를 무너뜨리기 위해 당나라와 협력한 신라의 외교정책이요, 그 결과 반도국가로 축소된 민족사를 답습하겠다는 것에 다름 아니다.

　중국을 안다는 것은 무척이나 어렵다. 중국인도 중국을 모른다고 한다. 몸통인 중국을 대하는 유일한 길은 숨통을 쥐는 길 밖에 없다. 중국의 숨통을 찾아야 하고 중국이 바라는 길목에 있어야 한다. 한반도가 하나로 되고 강해져 있을 때만 중국이 제대로 보일 것이다. 거기가 숨통이기 때문이다.

자원부국 딜레마
해결하고 등줄기 역할
할 것인가

세계 10대 자원부국인 몽골은 앞으로 동북아의 자원 제공국으로서 역할이 더욱 중요해질 것으로 보인다. 자원부국임에도 국력이 약한 탓에 젖줄보다는 동북아의 등골이라 불린다. 비록 2011년부터 본격적인 경제회복으로 외형적으로는 경제가 활성화되고 있다지만 심각한 권력부패와 지도력 부족, 자원의존적 경제구조 등의 난제를 안고 있다.

66 어이 김형, 이거 마유주라는 건데 한번 마셔보지.”

2000년 여름 몽골 원에 간 김씨는 겔이라는 천막집에 들렀다가 동료가 한바가지 얻어서 건네준 말젖으로 만든 막걸리같은 술을 맛 있게 들이켰다. 그날로 김씨는 화장실을 친구집 방문하듯 해야했다.

“원나라때 몽골사람들이 소주를 전해주었다고 해서 소주가 몽골술 인줄 알았더니 아니구먼.”

“이제 우리 소주랑 맥주로 몽골사람들을 홀려야겠어.”

김씨는 왼손으로 아픈배를 쥐며 오른 주먹을 불끈 쥐었다.

아이락이라고 부르는 마유주는 몽골인들에겐 술이기도 하고 약이 기도 하고 음료수이기도 하다. 이걸 마시며 몽골인들은 대륙을 통일 했다. 한반도에 사는 우리에게 몽골은 무엇일까. 또 몽골에게 우리는 무엇일까. 두 나라의 오랜 역사적 관계에는 중국이나 일본을 포함한 동북아시아의 지역사가 그려져 있다.

역사 문헌에는 서기 400년에 몽골의 니런(Nirun) 지방과 고구려 사이에 외교관계가 맺어졌다고 나온다. 그 후 '용감하다'는 뜻을 지닌 몽골인들은 고구려와 그 뒤를 이은 고려, 조선을 '솔롱고스'(무지개의 나라)라고 불러왔다. 징기스칸의 몽골은 중국을 점령하여 통일하고 1231년에는 한반도의 고려를 침공해 30년간 전쟁으로 국토를 파괴한 끝에 속국으로 만들었으며 두 번의 일본 침공에 고려를 동원하였다. 그렇지만 한편으로 몽골이 일본을 제외한 아시아지역을 통일한 후 100년 이상 기간은 아시아의 평화시기로, 각 민족의 다양한 문화와 종교의 공존이 허용되고 아랍상인을 통한 국제무역이 활발히 이루어졌다. 동남아시아에 이슬람 종교가 전파된 것도 몽골의 힘이었다.

자급자족하는 유목민의 나라

고려와 몽골제국 사이에는 민중들끼리 서로 결혼하는 것을 장려하였다. 고려에서 원으로 대규모의 여성 공출이 있었으며, 원에서도 20만 명의 여성이 고려로 이주했다고 한다. 13세기 이후의 고려, 조선의 결혼풍습에는 몽골식 영향으로 얼굴에 연지 곤지를 찍었고, 현재도 한국의 전통문화로 이어지고 있다. 이처럼 양국의 정치, 경제 관계는 시대에 따라 변해왔지만, 특히 문화적 관계는 한국의 역사에

'몽골 비핵지대화'를 선언하였고, 1998년 11월 UN 총회에 '몽골 비핵무기 국가지위 결의안'을 제출하여 승인받았다. 몽골은 동북아시아에서 비핵화 문제를 외교적으로 푸는데 자국을 활용할 수 있음을 주변국에 제시하고 몽골에서 비핵화 회의를 열 것을 제의하였다. 이는 잘 알려져 있지 않은데 몽골은 약소국이지만 동북아시아의 주요한 지역문제에 대해 지역통합의 장을 제공할 수 있다는 외교적 역할에 국가의 위신을 걸고 있다고 하겠다.

필자는 2006년 울란바타르에서 열린 '동북아평화를 위한 울란바타르 포럼'에 참가한 바 있는데, 몽골은 남과 북, 그리고 중국, 러시아, 일본 모두와 우호적인 관계를 맺고 있는 나라로서 지역의 평화와 안전보장, 에너지협력, 환경협력, 경제이민문제 등 여러가지 지역문제에 대해 동북아 나라들이 한자리에 모여서 논의할 수 있는 적지가 아닌가 하는 생각을 하였다. 몽골에는 친한적인 정치인사들이 동시에 친북적인 경우가 많아 처음엔 이해하기 어려웠으나, 몽골 친구의 다음과 같은 말에 쉽게 수긍하였다.

"북이든 남이든 몽골에겐 똑같은 '솔롱고스'입니다"

몽골에 대한 우월적 사고 버려야

그런데 한국과 몽골의 관계를 보면 현재 양국의 경제 · 문화 관계는 과거의 원-고려시대를 역전시켜 놓은 듯한 모습을 보여주고 있

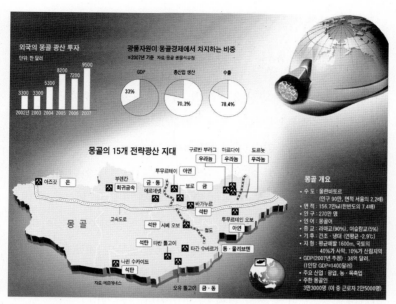

〈그림 6〉 몽골개요

다. 몽골에서의 한국 붐은 경제교류, 문화교류, 비즈니스, 노동이민
에서 주로 나타나고 있다. 한국에서 경제활동을 하는 몽골인들의 규
모는 3만 명이 넘는 수준으로, 몽골인구의 약 1%가 한국에 거주하
면서 음식점, 운송업, 여행업, 기타 서비스업 등에 종사하고 있다.

몽골 울란바타르에는 '서울 거리'가, 한국의 서울에는 '몽골 마을'
이 생겨 상호 문화교류의 장소로 되고 있지만, 자기 방어적 문화가
강한 한국사회에서 몽골에 대한 이해는 상호 대등하지 못하고 일방
주의적인 측면이 강하다고 할 수 있다.

한국의 일부 지식인 중에는 한국과 몽골의 인종, 언어, 문화적 근접성으로 미래에 한국–몽골 동맹 또는 한국–북한–몽골 국가연합 또는 연방국가설립을 주장하는 사람도 있다. 한국과 북한 양쪽에 친선관계를 가진 몽골의 입장에서 보면, 남북관계조차 화해하지 못하는 한국사회의 이러한 논의는 국제정치를 모르는 한민족 중심의 자기만족적인 소리로 들린다고 하겠다.

한국에 대해 몽골이 아직은 우호적인 분위기여서 이런 주장에 민감하지 않지만 한 민족국가의 자주성에 대해 타국이 '위로부터 내려다보는 관점'으로 말하는 것은 결코 올바른 행동이 아닐 것이다. 오히려 국책기관인 KDI(한국개발연구원)가 몽골정부의 MDI(몽골개발연구원) 설립을 지원하고 거시경제와 산업정책에 대해 조언을 해주는 협력사업을 하고 있는 것이 훨씬 더 의미있다고 하겠다.

자원개발 의존의 병폐

몽골과 한국은 1990년대 후반에 경제위기를 함께 경험하고 2000년 이후 경제회복을 이룩한 경험이 있다. 한국과 몽골의 무역규모는 2008년에 2억7천만 달러 수준이었는데, 한국의 수출이 2억4천만 달러로 압도적이었다. 2009년에는 세계경제 불황이 반영되어 무역액이 1억9천만 달러로 감소했으나 2010년에는 2억3천만 달러로 회복하였고 2011년 이후 계속 증가하고 있다.

한국이 몽골에 대해 주로 수출하는 물품은 자동차, 건설기계, 석유제품, 맥주, 화장품, 담배 등으로 몽골의 경기에 민감하게 반응하는 품목들이다. 맥주의 경우, 한국산 '카스'(Cass)가 국내시장의 약 30퍼센트를 차지할 정도로 외국산 맥주로는 점유율 1위를 차지하고 있다. 한국이 몽골에서 주로 수입하는 것은 비금속광물, 구리, 메리야스 등으로, 그 규모는 2010년에 3,880만 달러 정도였다. 한국은 아직 몽골의 광물자원을 적극적으로 수입하지 못하는 형편이다.

몽골에 대한 한국기업의 직접투자를 보면 소규모 제조업이나 외식업, 도소매 분야가 대부분이다. 2010년까지 약 2000여 회사가 투자를 하였으나 투자금액은 1억9천만 달러 정도이다. 또한 한국기업이 새로이 진출하는 분야로는 에너지와 환경분야가 활발하다. 발전소, 송배전, 태양열난방, 풍력에너지, 광산환경협력 등과 같은 분야에서 활발하다고 한다. 자원개발에 대해서는 2007년 노무현 정부 때 양국 정상회담에서 한국 기업의 몽골 광산개발 참가를 합의하여 타반톨고이 유연탄광(매장량 12억 톤) 개발사업에 한국광물자원공사, 대우, LG 등이 컨소시움으로 2011년에 응찰하였으나 탈락하였다.

러시아에 넘어간 개발권은 다수당인 인민당(구 공산당의 후예) 정부의 부정이 개입되었다고 하여 민주당 출신 대통령이 비준을 거부하면서 원점으로 돌아간 상태이다. 광물부문에 진출한 한국기업은 37개 기업이 있지만 7개 기업만이 개발단계이고 나머지는 조사단계이다. 7개 기업도 아직까지는 생산하는 기업은 없다고 한다.

세계 10대 자원부국으로 일컬어지는 몽골은 동북아시아의 경제발전을 위한 자원제공국으로 그 역할이 더 중요해질 것으로 보이는데, 동북아시아 지역 전체가 광물자원을 유효하게 서로 나누는 협력이 필요하다. 국토면적에 비해 인구가 희소한 몽골은 러시아처럼 자원부국으로서 동북아의 젖줄이 될 수도 있지만, 국력이 약한 탓에 젖줄로 불리우기보다 동북아의 변방 등골로 불릴 것 같다. 등골이 휘어지도록 광물을 퍼내 수출해도 경제성장율은 올라가나 나라의 허리가 펴지지 않는 것은 시장경제화 이후 심각해진 권력부패와 지도력 부족으로 나라의 부가 일부에 편중되거나 국외로 새어나가기 때문이라고 한다. 자원개발을 해도 국민이 잘 살지 못한다니 등골이 오싹할 노릇이다.

몽골은 2011년부터 본격적인 경제회복으로 성장율이 17.3%에 이르는 등 외면적으로는 경제가 활황이지만 '자원개발의 저주'라는 말이 있는 것처럼 자원개발에 일방적으로 의지하게 되면 경제구조가 왜곡되고 다른 산업이 발달하지 못해 이윽고 자원이 고갈되는 경우 경제가 피폐하게 된다는 문제점을 안고 있다.

몽골 정부가 동북아시아지역에 대한 이해를 가지고 지역평화와 협력을 위한 논의의 장을 제공함과 동시에 한반도의 남과 북에 같은 신뢰로 화해를 중재해주는 동북아의 등줄기 역할을 해주기를 바란다.

미국의 중국
포위압박정책의
불침항모

동북아와 거리를 두면서 중국을 포위 압박하려는 미국의 군사정책에 불침항모가 되고, 더 나아가 협동작전까지 수행하여 공격형 방어망을 완성하려는 일본 정계의 움직임을 보면 일본에게 한국은 안보의 하수인이라는 개념이 읽힌다. 한·일군사정보보호협정이나 군수협력협정은 그러한 연장선에 있어 보인다.

김   "여보세요? 김입니다."

무라카미 "곤니치와 무라카미데스. 요즘 일·한관계가 아주 시끄럽군요."

김   "그거야 어제오늘의 일이 아니죠."

무라카미 "한국사람들은 지금도 일본이 무장만 하면 한반도를 다시 쳐들어갈 거라고 정말 생각하는 모양입니다. 하하."

김   "아닌가요? 하하."

무라카미 "일본은 오히려 대륙을 점점 더 무서워하고 있어요. 그래서 일·미동맹이 더 중요한 거죠. 한국도 같은 심정일텐데 왜 일본만 미워해요?"

김   "그거야 일본정부가 잘못하는 게 많으니까 그런 거 아닌가요? 독도문제도 그렇고…, 일본사람을 미워하는 건 아니죠."

무라카미　"한국은 자기가 동북아 속에 있다고 일본도 동북아 국가
　　　　　라고 착각하는 것 같아요. 일본은 아시아태평양 국가예
　　　　　요. 동북아라는 작은 틀에 갇힌 적이 없어요."

김　　　　"한국정부도 거 무슨 '신아시아정책'이라고 해서 아시아
　　　　　태평양을 중시하고 있긴 해요."

무라카미　"그럼 일·한 간에 전방위적 협력을 하는 게 맞는 거 아
　　　　　닌가요? 하하."

김　　　　"그건 정부 생각이고, 한국인들은 일본이 그 전에 해야만
　　　　　할 일이 있다고 생각하는 거죠. 일본이 같은 아시아인들
　　　　　을 존중하는 입장에서 독일처럼 과거의 질곡에서 빨리
　　　　　벗어나야 한다는 겁니다."

　지난밤 꿈속의 대화 녹취록이다. 일본열도와 한반도의 관계는 유
사이래 인구이동, 문화전파, 전쟁, 교류, 식민지지배, 경제협력 등을
거치며 선린과 악연이 뒤엉켜 있다. 한국사람이라면 일본에 대해서
는 다들 한마디씩 할 줄 안다. 그리고 일본에서는 최근 10년간 촉발
된 한류 붐을 타고 한국 대중문화에 대한 이해가 넓어지고 한국여행
이 일상적인 취미로 정착되었다.

　일본 역사에서 한국문화에 대한 우호적 태도가 이렇게 지속되고
있는 것은 백제가 멸망한 7세기 이후 처음이라는 우스개 말도 들린
다. 한국사람에 대한 차별의식은 완화되어 한국인이라고 학교에서
왕따 당하는 일은 거의 없다고 한다. 그런데 일본사람들에게 한국과

조선은 완전히 별개의 존재이며, 다른 문화라는 왜곡된 인식이 자리 잡고 있다. 조선은 북이고 재일동포사회이다. '죠센진'에 대한 차별의식은 한국 대신 북과 동포사회로 몰리고 있다.

한국과 조선은 다르다?

'한류 열풍'과는 별개로 일본에서는 한국과 북을 구분하여 북을 적대시하고 북을 따른다며 재일동포사회의 일부를 이루는 총련계 동포조직을 차별한다. 나아가 식민지시대 후손이라며 재일동포사회 전체를 백안시하는 편견은 오히려 더 심화되는 양상이다.

최근 10여 년의 양상을 뒤돌아보면, 2000년 6·15 공동선언이후 2002년 9월까지, 즉 북이 일본인 납치를 공식 확인하고 사과한 때까지 일본사회에서는 한반도의 평화에 대한 기대로 '한국이든 조선이든 공존할 수 있다'는 새로운 시대분위기가 형성되었다. 그러나 일본인 납치문제는 당시 고이즈미 수상 본인조차 예기치 못한 엉뚱한 방향인 일본의 극단적인 반북 분위기와 북·일국교정상화 교섭 정지 등으로 나타나 일본정치계와 사회에 휘몰아쳤다.

이후 일본의 보수우익 세력은 북의 일본인 납치문제와 핵문제를 일본 재무장과 미·일동맹 강화의 빌미로 삼았다. 2003년 NHK가 내보낸 〈겨울연가〉가 공전의 히트를 기록한 후 2006년에 총리가 된 반북 우익 아베 신조의 부인이 한국문화에 심취한 반면, 아베 정

내각	전략명	기본내용	구체적 목표
2001년 12월 고이즈미 준이치로 총리	신성장 정책	• 국제경쟁력 강화 • 전략적 성장산업 집중 • 대일 직접투자 촉진 • 인재강화 • 생산수단 인프라, 금융경영 능력에 대한 이노베이션	≫ 2010년까지 실질 경제성장률 3% 달성 ≫ 실업률 2~3% ≫ 300만명 고용 증가
2007년 4월 아베 신조 총리	성장력가속 프로그램	• 인재육성, 중소기업 생산성 향상 등 성장가능성 확대 전략 수립 • 서비스 혁신, IT산업으로 생산성 향상 • 규제개혁 통한 이노베이션	≫ 향후 5년내 노동 생산성 1인당 50% 확대
2008년 6월 후쿠다 야스오 총리	경제성장 전략	• 인재, 기술, 자금, 문화적 강점 살려 국제경쟁력 강화 • 청년, 여성, 고령자 취업 장려 • FTA 가속화 • 혁신적 기술창조전략 • 건강의료산업을 집중 육성	≫ 향후 10년내 실질 경제성장률 2% 달성
2009년 4월 아소다로 총리	J 리커버리 전략	• 경기 회복과 향후 지속 성장을 위한 모델 제시 • 태양광 발전, 환경, 건강, 의료 등 신기술 육성 • 관광입국으로의 역량 강화	≫ 2020년대 실질 국내총생산(GDP) 120조엔 증가
2013년 6월 아베 신조 총리	아베노믹스 '세 번째 화살'	• 해외투자 유치 위해 '국가 전략특구' 신설 • 법인세 감면 • 건축, 의료 분야에서의 규제 완화	≫ 향후 10년간 1인당 국민총소득(GNI) 매년 3% 증가 ≫ 향후 10년간 실질 GDP 성장률 2% 달성

〈그림 7〉 일본 자민당 총리들의 성장전략(자료 : LG경제연구원)

권은 북에 대한 공전의 대결정책을 취하는 등 일본사회에서 한국과 북은 완전히 별개의 존재가 되어버렸다. 중요한 것은 이러한 현상의 이면에 일본이 한반도에 대해 바라는 심리가 은연 중에 드러난 다는 점이다.

그 첫째 심리는 섬나라 일본의 안보전선(국경)이 바다가 아니라 한반도 휴전선이 되어 일본열도를 보호하는 것이며, 둘째는 북은 악이라는 설정을 통해 한·일 간에 심리적·정치적 일체감을 형성하여 유사시 상호원조하는 동맹관계로 나아가는 것이다. 이런 관점에서 보면 일본정계가 노무현 정부를 친북좌파정권으로 규정하고 비판적이었던 반면 이명박 정부에 대해서는 친일적 정부로 환대한 이유가 잘 읽힌다고 하겠다.

일본의 '북 때리기'는 납치문제가 빌미를 제공하기는 했으나 더 근본적으로는 동북아 지역에 대한 일본의 전략적 인식의 변화, 특별히 중국에 대한 인식의 변화가 배경에 자리잡고 있다. 대국으로 성장한 중국과의 관계설정을 재검토하면서 일본은 동북아시아 역내 국가로서의 위상보다는 미·일동맹을 중심으로 한 아시아태평양 국가로서의 위상을 중시하기 시작했다.

중국과의 관계를 둘러싸고 일본 정계 내에서 크게 두 가지 흐름이 1950년대부터 있어왔는데, 한 흐름은 '중국포섭론'이라고 할 수 있다. 이는 자민당 내의 친중파(이케다-다나카/오오히라-가토-오자와)로서 중·일관계 증진과 미·일동맹을 양립시킴으로써 일본의 외교적 카드를 다양하게 확보하고 대륙에서 경제적 이익도 확보할 수 있다는 계산이었다. 다른 하나는 '중국위협론'으로, 중국은 결과적으로 일본에 전략적 위협으로 존재할 수밖에 없으니 미·일동맹을 외교축으로 군사력 강화 노선을 실현해 가야한다는 입장(기시-나카소네-모리-고이즈미-아베-아소)이다.

자민당 정권에서는 위 두 가지 입장이 교묘하게 공존해왔다. 친중파로 알려진 오오히라 수상이 중국을 견제하기 위해 일찍이 1978년에 '환태평양 연대구상'을 제기한 것도 그 일환이었다. 그런데 2009년 9월에 등장한 민주당 정부의 하토야마 수상과 오자와 간사장은 세계 금융위기이후 미국의 패권실추라는 시대상황을 반영하여 중·일 간의 방위협력 강화를 비롯한 관계강화를 결정하였다. 당시 기타자와 방위대신은 중국을 일본의 위협으로 여기지 않는다고까지 언급하였고, 오키나와 후텐마 미군기지를 괌 등으로 이전하는 것을 적극 추진하였다.

그러나 결과적으로 일본정계의 친미보수세력의 반격과 미국의 반대에 부딪쳐 아무런 성과 없이 하토야마 수상과 오자와 간사장이 중도 하차하면서 이후 민주당은 미·일동맹 중심의 안보체제를 더 강화하는 방향으로 역주행하고 있다.

일본 NHK가 2009년 12월 20일에 방영한 일요토론 〈후텐마 미군기지 이전과 미일동맹〉, 그리고 2012년 7월 8일 방영한 일요토론 〈방위대신에게 듣는다〉를 보면 미·일동맹에 대한 일본의 인식이 더 강화되고 있음을 알 수 있다.

1) 2009년 12월 20일

① 모리모토 사토시(森本敏) : 일본자위대 자위관 출신, 외무성 정보
　조사국안전보장정책실장, 타구쇼쿠대학(拓殖大學) 교수
　"미·일동맹에서 주일미군은 억지력과 함께 아시아태평양의 중

계점으로서 역할이 있다. 민주당이 제기하는 '미군의 상시주둔 없는 미·일동맹'은 미·일동맹을 공동화시키는 위험한 인식이다."

② 다나카 히토시(田中均) : 외무성 아시아태평양국장 출신, 도쿄대학 국제공공정책대학원 특임교수

"민주당 안보정책이 불투명하다. 외국군이 존재하는 것이 선(善)은 아니지만, 한반도와 중국의 불안이 아직 남아있는데 오키나와의 기동력 체제가 갑자기 없어지면 곤란하므로 최소한의 미군이 오키나와에 주둔할 필요가 있다 … 동아시아공동체는 먼 장래의 이야기이다. 안보측면에서는 미국이 반드시 들어가야 한다."

③ 스즈키 유시(鈴 佑司) : 호세이대학(法政大學) 교수

"일본은 유사시에 대비한 새로운 안보체제를 구축해야하며 그 중심은 전쟁이 안 일어나도록 유엔 등을 통한 비군사적 해결이어야 한다 … 미국은 이미 중국과의 관계를 강화하고 일본과의 관계를 상대화하는 새로운 변화를 보이고 있다. 일본의 대응으로아시아중시의 전략축을 어떻게 할 것인가가 중요하다."

2) 2012년 7월 8일

① 모리모토 사토시(森本敏) : 방위성 대신(장관)

"1996년 미·일 사이에 약속한 오키나와 후텐마기지를 헤노코로 옮기는 사안을 지켜야한다. 오키나와 현민의 이해가 중요하다.

미 해병대가 오키나와에 계속 주둔하는 것이 지역(아시아) 전체의 이익에 중요하다."

② 다나카 히토시(田中均) : 일본국제전략연구소 이사장

"중국, 북 등 주변상황이 변화하는데 대한 전략적 논의가 중요한데 이런 논의가 부족하다. 정세의 변화에 따라 일본 그리고 자위대의 역할이 커질 수 있다."

③ 마에도마리 히로모리(前泊博盛) : 오키나와국제대학 교수

"미군기지 현외 이설에 대한 오키나와 현민의 의견을 존중해야 한다."

2009년 당시 대학교수였던 모리모토 사토시는 민주당 하토야마 수상의 친중정책을 비판하고 미·일동맹 강화를 역설하였는데, 2012년 6월에 방위성 대신으로 등용되었다. 이로써 민주당의 정책은 완전히 자민당시대 정책으로 회귀하고 더 나아가 다나카 히토시(2002년 북·일 평양선언 당시 외무성 심의관으로 주관)의 말처럼 지역안보에서 자위대의 역할을 강화하는 방향으로 나아가고 있다.

자민당은 헌법 개정 없이도 '집단적 안전보장'에 대한 해석을 통해 자위대가 해외 출병할 수 있다는 '국가안전보장기본법안'을 총선 후 국회에 제출하였다. 자위대가 "외부로부터 미군에 대한 무력공격이 발생한 상태"에서 미군과 전투협력할 수 있다는 집단적 안전보장론은 그동안 전수방위 이외의 전쟁행위를 금지한 헌법 제9조에 위반된다는 해석이 대세였으나, 이제는 그 해석마저 임의로 바꾸고 있다.

일본 우경화를 보는 다른 시각

일본이 이렇게 점점 더 "전쟁을 할 수 있는 국가"로 되어 가는 것은 무엇 때문일까. 대륙재침략의 야망 때문일까. 필자는 꼭 그렇지는 않다고 본다. 일본은 국가역량 면에서 자력으로 대륙을 공격해서 점령할 수 있는 능력이 없다. 일본의 노령화하는 인구 피라미드 구조로는 공격전쟁을 치를 군인을 동원할 수도 없다. 이미 국내총생산(GDP)의 두 배 규모에 달한 정부부채(국채, 920조 엔)의 9할 이상을 국민들의 금융자산(1500조 엔)이 사주고 있는 형편에서 새로운 군비조달을 위한 국채발행은 국민의 호응을 받지 않는 한 불가능한 상황이다.

게다가 한반도와 중국은 100여 년 전과 다르며 군사면에서 방어능력뿐 아니라 반격능력까지 갖추고 있다. 경제면에서는 중국이 미국을 앞선 경제파트너다. 일본이 공격에 나서는 순간 대륙에 들어가 있는 수많은 일본인과 그들의 자산은 볼모로 잡힐 것이다. 다른 대안이 없어 대륙에 무력으로 확보해야만 할 경제적 자원이 있는 것도 아니다. 원유·가스, 철광석과 석탄, 비철금속 등은 다른 곳에서 확보하고 있다. 대륙은 이제 자원공급지가 아니라 상품서비스의 판매시장이다. 그렇다면 그 이유는 우선 국가방어와 집단적 자위에서 찾아야 할 것 같다. 핵을 갖지 못하고 미국의 핵우산 속에 있어야 하는 일본으로서 북의 핵무장은 치명적이라는 것이 일본의 안보관계자들에 공통된 인식이다.

이에 대한 대응으로 일본에서는 현재 두 가지 방안이 논의되고 있는 중이다. 하나는 미·일동맹체제를 더욱 강화하고 미국의 대중국 대북 압박을 활용하는 것이다. 이를 위해 미국-일본-한국의 삼각군사경제 동맹관계를 확립시킨다고 한다. 그러한 틀 안에서 미국의 군사작전에 협력할 수 있는 무력체계가 국내에서만이 아니라 한반도를 포함한 국외에서 이루어지는 집단적 자위권을 가져야 국가방어를 유지할 수 있다는 것이다. 즉 전수방어로부터 공격형 방어로 전환하고 미국의 작전전개 범위 내에서 일본의 이익을 확보하는 것이다.

그리고 다른 하나는 동북아에 대한 가치를 재조정하는 것이다. 2000년대 초까지 일본은 중국, 한반도, 몽골 등 동북아지역을 포함한 전체 아시아지역에 대해 안행형(雁行形) 경제발전론을 갖고 있었다. 기러기가 날아가는 모습에서 상징되듯이 일본이 가장 앞에서 날아가고 일본의 영향을 받아 신흥아시아 각 국이 차례로 경제성장을 하는 가운데 일본의 리더십이 손상되지 않는 구조이다. 그러나 중국과 한국은 이러한 틀을 이미 넘어버렸다. 일본이 경제발전을 지속하기 위해서는 한·중이 아닌 다른 지역과의 경제연계를 확보하는게 필요하다.

'무늬만 동북아' 일본, 그럼 한국은?

여기서 부상하는 것이 지역통합을 통해 거대한 시장으로 자체성장동력을 확보한 아세안(동남아시아연합)과 미국 중심의 태평양권이다. 1978년에 일본이 제의했으나 실패한 '환태평양연대구상'이 미국이 제의한 TPP(환태평양경제동반자협정)으로 되살아나고 있다. 미국은 미국이 빠진 동아시아경제공동체 논의보다는 미국이 참가하고 주도하는 아시아태평양경제공동체를 대안으로 내세우고 있다. TPP는 동남아-미국-일본의 3각 축에 중심을 두고 있다. 미·일동맹을 강화하면서 경제블록으로서 아시아태평양블록의 중심에 있는 것이 일본의 군사적·경제적 이익에 부합된다는 전략이다. 이 틀에 한국을 끌어들이는 것이 미국과 일본의 공통된 입장이다.

이러한 관점에서 본다면 동북아시아는 아시아태평양지역의 외통수 변방에 불과한 것으로 보인다. 일본기업의 중국시장에 대한 투자진출은 정부의 권유가 아니라 기업들이 자기책임하에 결정한 투자이다. 한·중·일 3국 간에 추진하는 FTA는 소리만 요란한 수레에 불과한 거라는 의견조차 일본경제계에서 나오고 있다. 일본은 정부가 가입교섭을 진행하고 있는 TPP로 동북아(특히 중국대륙)와 거리를 두는 경제전략을 실행하고 있는 셈이다. 동북아가 아시아 전체를 움직이는 용임을 일본 정부는 모르거나 무시하고 있다. '무늬만 동북아'인 일본이다.

동북아와 거리를 두면서 중국을 포위 압박하려는 미국의 군사정책에 불침항모가 되고 더 나아가 협동작전까지 수행하여 공격형 방어망을 완성하려는 일본 정계의 움직임을 보면 일본에게 한국은 안보의 하수인이라는 개념이 읽힌다. 한·일군사정보보호협정이나 군수협력협정은 그 연장선에 있다.

그러나 이 모든 일본의 전략은 미국의 구상 하에 있는 것이며 자주적이지 못하다. 미국은 중국과의 관계에서 군사적 대응과 경제적 대응을 분리하여 G2전략 게임을 진행하고 있지만, 일본은 군사적 대응을 하는 미국만이 보이는 듯하다. 스스로를 미국에 게임 도구로 제공하는 형국이다. 일본은 안보위기로 대외전략 설정의 규모를 스스로 왜소하게 만들었고 한국도 마찬가지 길을 걷고 있다. 일본과 한국에서 아시아태평양이라는 말은 미국에 다가서기 위한 변명일 뿐이다. 동북아가 있어야 아시아태평양도 있다. 미국의 지도로 '무늬만 동북아'인 일본 정부의 전철을 한국은 따라가지 말아야 한다.

새로운 러시아, 한반도 경제공동체 형성에 뛰어들다

러시아, 중국, 미국의 경제책략과 남북경제협력의 미래상을 시나리오로 그려보고자 한다. 먼저 러시아다. 이와 관련해서는 극동러시아의 자원개발과 한반도의 관련성에 대해 언급한 바 있다. 삼림, 농·수산물 그리고 에너지자원으로 동북아에서 젖줄이 되어가고 있는 러시아가 그리는 동북아 신질서를 좀더 구체적으로 들여다보자.

    66 우리나라는 지정학적으로 외세의 힘에 의해 대국의 이용물로, 식민지로 되고 나라를 지킬 힘도 없게 되었지만 지금은 아니다. 앞으로는 우리나라가 이웃나라를 뒤흔드는 존재가 될 것이다."

재일동포 한 분이 2012년 4월 평양에 갔을 때 북측 인사로부터 들었다는 이야기다. 한반도가 강국으로 등장하는 것에 대한 열망은 북이나 남이나 해외동포나 공통되는 민족관념인 모양이다.

어떻게 하면 여의주로서 자리잡고 세상에 당당한 대국으로 발전할 수 있을까? 남측의 경제발전 과정처럼 세계시장을 파고드는 무역으로 수출대국이 되는 길이 경제강국을 보장하는가. 아니면 북측처럼 국제사회의 경기부침에 좌우되지 않는 민족경제로 대외적으로는 유무상통을 추구하고, 대내적으로는 국방경제와 내수중심의 자립경제를 지향하는 방법이 강국의 길인가.

이 문제는 세계 각국이 여건은 조금씩 달라도 경제의 주요한 두 가지 흐름인 시장주도형 경제와 정부주도형 경제라는 경제체제적 대립 측면과 자유민주주의와 사회주의라는 정치적 대립 측면을 반영하고 있다.

그런데 한반도에선 양 측면이 동시에 존재하면서 더 과격하게 서로 충돌하는 분단모순이 더해져 있다. 이 분단모순 때문에 남측에선 유럽식 사회적 시장경제조차 공산주의사상으로 덧칠되어 '좌파요', '종북이요' 매도당하고, 자본친화적 정부가 독과점 기업을 위해 시장에 개입하여 완전경쟁을 최고가치로 보는 자본주의 원리마저 부정하는 왜곡되고 불공정한 자본주의를 낳았다.

이 분단모순 때문에 북측에선 오랜 기간 시장의 기능적인 역할조차 부정되었고 모든 물자와 상품을 위에서 아래로 공급하는 완전계획경제를 추구하면서 중공업 중심의 국방경제가 자립경제의 기축이 된다는 피라미드식 경제체제를 일구었다.

세계경제가 잘 돌아가 남측이 수출할 게 많거나 내수와 공급이 충분하여 북측의 자립경제 기반이 강하다면 분단모순이 있어도 일단은 양측이 정한 경제전략 방향으로 매진할 수 있다.

그러나 상황이 변하게 되면 남측은 내수 비중을 확대하고 공정한 경제질서를 만들어야하며, 북측은 충분한 공급확보를 위해 시장기능과 대외경제관계를 확대해야 하는데 지금의 경제상황이 바로 그러한 때이다.

남북 모두 경제정책 재검토 시기

남이든 북이든 지금까지의 경제정책에 대해 재검토가 절실한 이때에 북과 남이 서로에 대해 필요한 경제임을 이해하는 것이 중요하다. 그런데 남과 북이 한반도에서 하나의 경제로 상호발전하는 비전을 갖기 위해서는 분단모순에 휩싸인 남북관계만으로는 어렵다. 동북아라는 용의 여의주로서 존재하는 한반도의 새로운 구상과 함께하는 것이 남북의 대립관계를 지양하는 데 필요하다.

2012년 5월 7일, 6년 임기의 러시아연방 대통령으로 재취임한 푸틴(푸틴3기)은 그동안 정치안정과 경제성장을 배경으로 러시아를 국제정치·경제 무대에 세계경제 위기상황을 이겨내고 지역문제에도 개입하는 리더로 재등장시키는 것을 목표로 하고 있다. 그 주된 내용은 구소련 지역을 정치경제적으로 재통합하고 전통적으로 관계가 깊었던 중동지역과 아시아지역에 대해 관계를 강화하는 것이다.

구소련 지역의 재통합에 대한 푸틴의 꿈은 그가 2011년 10월 4일 일간지《이즈베스티야》에 기고한 글에 잘 드러나 있다. 그는 이 글에서 '유라시아 연합'을 창설할 것을 제창하였다. 구소련에서 독립한 유럽-중앙아시아 국가들을 유럽연합(EU)의 방식처럼 먼저 경제면에서 통합을 하고 정치와 안전보장 측면에서 연합형태로 발전시킨다는 것인데, 러시아의 지정학적 조건에 맞춘 꿈이라 할 수 있다. 물론 이를 통해 과거 사회주의 소련시대로 회귀하는 것은 아니겠지만 러시아의 국제적 위상을 높이기 위한 '집토끼 몸집 키우기'

라 하겠다.

그 다음으로 중동지역에서 현재 내전 중인 시리아에 대해 정부군을 지지하고 이란 정부를 지지하는 등 서방권과는 다른 국제정치의 각을 세우고 있다. 이는 '산토끼 끌어오기'라고 이름 붙여야하지 않을까 싶다.

푸틴, '집토끼와 산토끼' 다 잡겠다!

아시아지역에 대해서는 푸틴 대통령이 전임 메드베데프 대통령보다 더 분명한 전략적 인식을 하고 있다. 이전의 푸틴 대통령 집권 1·2기에도 그랬지만 러시아의 경제성장을 위해 세계경제 성장의 신동력인 아시아와의 전략적 관계 강화가 필수적이라는 인식에 근거하여 인도, 중국, 일본, 아세안 등 아시아국가들과의 광범위한 동반자 관계를 추구하고 있다.

2011년부터 동아시아정상회의에 미국과 함께 정식 회원으로 참가한 러시아는 2012년 9월 블라디보스톡에서 아시아태평양경제협력기구(APEC) 정상회의를 주최하면서 아시아와 협력하는 국가전략을 명확히 드러냈다. 경제협력만이 아니라 아시아지역의 안전보장 문제에 대해 러시아가 지역의 문제조정자로서도 역할을 할 수 있다는 비전을 관련국에 제시한 것이다.

사실 APEC은 EU통합에 대응하기 위한 구상으로 1989년 호주와 한국 등이 발기하여 미국을 설득해 창설한 이후, 미국이 주도하면서 아시아태평양지역을 아우르는 지역블록 경제통합(아태자유무역지대)을 2020년까지 실현한다는 비전(보고르 목표)을 제시한 바 있다. 그러나 1990년대 후반 아시아 통화위기 때 아무런 역할을 하지 못하고 미국이 주도하는 IMF구제금융 방식에 의존함으로써 그 존재의 미를 상실했었다.

지금도 APEC이 제구실을 하지 못하고 있는 것은 미국이 아시아지역에 대한 '분할지배'를 위해 APEC은 명분으로 두고 실제로는 동남아지역연합(ASEAN)강화, 환태평양경제협력(TPP) 등을 통해 중국을 배제한 지역협력체를 강화하면서 중국과는 별도의 협상체제를 추구하고 있기 때문이다. 미국이 버린 카드인 지역협력체 APEC을 러시아는 자국의 아시아태평양 진출을 위한 교두보로 활용하고 있다고 하겠다.

러시아가 아시아에서 전략적 위상을 강화하기 위해서 추진하고 있는 정책을 들여다보면 첫째는 중국과 협력을 강화하여 아시아에 되돌아온 미국에 대응하는 것이다. "러시아와 중국의 참여와 두 나라의 이익이 고려되지 않는 어떤 국제문제도 논의되고 해결되기 어려울 것이며 중국과 중동·북아프리카·시리아·아프가니스탄·한반도와 이란 핵문제 등에 대해 공통된 전략을 세울 것"(2012년 6월 5일 중국 《인민일보》 기고문)이란 푸틴의 언급은 말 그대로 G2로 성장하는 중국을 최대한 활용하는 전략이다. 중국이 진정으로 세계 패권국가가 되기에는 아직도 많은 시간이 필요하기에 그 동안에는 중국을 지원하고 중국으로부터 최대한 경제적·정치적 실익을 얻으면서 미국의 패권질서에 대응하자는 것이다.

푸틴 대통령이 취임 후 첫 번째 방문국으로 중국을 선택하여 2012년 6월 5일 북경에서 후진타오 주석과 '전면적이고 대등한 신뢰 파트너십과 전략적 협력에 관한 공동성명'을 발표한 것이 이를 말해준다. 푸틴으로서는 2000년 이후 아홉 번이나 중국을 방문하였다. 중·러 협력을 통해 러시아 원전기술을 제공하고 천연가스를 30년간 680억 평방미터(약 1조 달러 어치)를 공급하는 프로젝트가 성사됨으로써 러시아는 중국이라는 커다란 시장과 정치적 동반자를 확보하였다고 할 수 있다.

그러나 한편으로 러시아는 급성장하는 중국에 대한 견제를 통해 국제정치의 세력균형을 만드는 조정자 역할을 추구하는 것도 잊지고 있는데, 그 대표적인 것이 일본과 한반도이다. 푸틴은 일본과의 관계증진을 위해 북방 4개 섬 영토문제에 대해 협상할 수 있음을 내비치고 있다. 개인적으로 유도가 특기이고 취미인 푸틴은 일본에 대한 호감이 상당하다고 한다.

그리고 푸틴은 한반도 문제에 대해서 "한반도의 안정, 한반도 비핵화 지지, 북 지도부와 선린우호관계 발전"(2012년 2월 27일 러시아 주간《모스코브스키 노보스티》기고문)이라는 목표를 제시한 바 있다. 한반도에 대한 러시아의 직접적인 관계 강화는 극동러시아의 개발과도 밀접한 연관이 있음은 말할 나위도 없다. 중국과 미국이 북에게 더 중요한 전략적 상대국임을 부정할 수 없지만 중국과 미국이 해결하지 못하고 있는 한반도 안정 문제에 대해 러시아는 미국과 중국을 견제하는 고도의 중립자적 조정역할을 추구하고 있다고 볼 수도 있다. 2012년 9월 블라디보스톡 APEC정상회의에 러시아가 북을 옵서버로 초청한 것도 미국이나 중국이 하지 못하는 외교적 역할을 러시아가 추구하고 있다고 하겠다.

이렇게 보면 러시아의 대한반도 책략은 중국과 협의하면서도 또한 중국을 거치지 않는 독자적인 정치·경제 환경을 조성하는 것이다. 그 과정은 북과의 관계를 긴밀히 하면서 한반도 안정과 극동러시아 개발을 위해 한국과도 긴밀한 경제관계를 강화하는 것이고 여기에 일본이 협력체계에 들어오도록 하는 것이라고 볼 수 있다. 즉, 러시아·북·남·일본으로 연결되는 한반도 동쪽 지역(환동해권)의 경제망 형성이 장기적으로 중국에 필적하는 러시아 이니셔티브를 발휘할 수 있는 방향으로 보고 이 지역의 경제와 안전보장 문제에 대한 협력 확대가 러시아 국익에 직결된다는 인식이다.

러시아와의 협력 통한 한반도 경제공동체 형성 가능

러시아의 이러한 대한반도 책략에 잘 부합하는 것이 환동해 에너지협력, 특히 천연가스 파이프라인 환상망 구상이다. 일본과 러시아의 전문가들이 10여 년 전부터 제기한 이 구상은 사할린의 천연가스를 파이프라인으로 환동해망으로 공급하는 것이다.

<그림 8> 러시아 천연가스 환동해망 구상

　　그러나 정작 일본에서는 지역별로 나뉘어진 가스공급회사들의 할거주의로 국내 가스파이프라인이 통합 연결되지 못하고 있다. 러시아로부터 일본으로 직접 파이프라인을 통해 가스를 공급받는 구상도 유야무야 되어 지금도 파이프라인가스(PNG)보다 공급단가가 평균 3배 정도 비싼 LNG(액화천연가스)로 공급받고 있는 실정이다. 일본의 사정이 이러하여 러시아는 일본에는 LNG로 공급하고 한반도

에 대해서는 PNG공급을 우선하면서 LNG도 보완책으로 유지하는 구상으로 전환되어 있다.(《민족21》 2012년 4월호 참조)

러시아는 한반도를 관통하는 가스파이프라인 건설이 아시아지역에 대한 러시아의 국익이며, 지역조정자로서뿐만 아니라 장기적으로는 중국을 견제할 수 있는 러·한반도·일의 협력체계로 발전할 수 있는 기반이 될 것으로 생각하고 있다. 그리고 러시아 극동지역의 농업, 공업, 자원개발 등에 북과 남, 일본의 근로자, 기술, 자본을 끌어들이고자 하는 것도 팽창하는 중국의 파워에 대응하기 위한 구상이다.

제국이나 소련 시대의 러시아가 한반도에 대해 패권과 제로섬게임을 하였다면 지금의 러시아는 중국과 미국의 현상유지 정책을 비집고 들어와 새로운 성장 기회를 찾고 있다. 러시아가 한반도에 지정학적 관심과 경제적 이해관계를 키울수록 이는 한반도의 남과 북을 묶어내는 역할을 하게 된다. 러시아로서는 한반도의 현상유지를 통해 얻을 수 있는 이익보다 변화하면서 얻을 수 있는 이익이 훨씬 크기 때문이다. 이 점이 중국이나 미국과 러시아의 차이가 아닐까 생각한다. 러시아와 가까워질 수록 북과 남의 거리도 가까워지는 윈-윈 관계를 이루는 것이 한반도의 새로운 가능성 중의 하나일 것이다.

이러한 전망을 전제로 하면 남과 북은 러시아와의 농업 협력, 에너지 협력, 자원개발 협력, 산업개발 협력에서 3국 협력의 틀을 만드는 것이 필요하다. 이를 기폭제로 해서 남북의 한반도경제공동체라는 비전까지 만들어낼 때 남북이 하나되면서 동북아를 추동하는 용

고 한다. 이에 따라 중국정부는 2008년 이후 경제성장 정책을 크게 변화시키면서 대외정책까지 재검토하는 중요한 전략적 판단을 내렸다.

中 경제성장, 대외정책에 큰 변화

경제정책에서는 첫째 수출주도형 성장정책을 내수주도형으로 전환시켰다. 내수 경기부양을 위해 정부가 고속철도, 고속도로 등 건설분야 고정자산 투자를 적극 추진하고 자동차 구입 보조금을 지급하며, 농촌에는 세대 당 생활 지원금과 함께 가전제품 구매 지원금을 제공하는 등 중국판 뉴딜정책을 추진하였다. 연간 재정 지출규모가 5조 위안 정도인 정부가 2008~2009년 금융위기 시기에만 인프라 투자로 약 4조 위안을 조성한 바 있다.

둘째로 미국과 유럽에 의존하던 수출시장을 아시아 지역으로 돌렸다. 이를 위해 동남아의 아세안과 FTA(자유무역협정)를 체결(2010년 1월 1일 전면발효)하였다. 그동안 외자기업의 수출과 수입에 의존하던 무역구조를 국내기업과 아세안 국가기업 간의 무역확대를 통해 국내기업의 국제경쟁력을 강화하는 방향으로 정책전환을 한 것이다. 물론 무역뿐 아니라 위안화 평가절상 압력과 높아진 임금을 피하기 위한 방편으로 아시아 지역에 해외투자를 확대하는 정책도 동시에 진행되었다. 중국과 동남아시아 간에는 원료, 중간재, 소비재의 상호보완성이 확대되어 중국기업의 성장은 물론 동남아시아 각 국의 무역확대와 경제성장에 기여하는 성과도 낳았다. 이에 따라 중 국정부는 중·일·한 간의 FTA 체결에 적극적으로 임할 동력을 얻 게 되었다.

셋째로는 시장경제의 부침에 민감한 민간기업보다는 국유기업의 국제경쟁력을 중시하게 되었다. 정부유도형 경제성장 정책에서 국 유기업의 역할을 강조하는 방식은 이미 일본이 실시했고 한국과 말 레이시아에서 성공을 거둔 바 있다.

그리고 대외정책에서는 미국과 G2 파트너 관계를 유지하면서도 미국의 영향력을 약화시키고 중국의 이익을 최대화하는 고도의 전 략으로 발전하였다. 아시아·아프리카 지역과의 경제협력 강화, '아 세안＋3'와 '동아시아정상회담' 같은 것들이 그 프레임이지만, 가장 대표적인 정책변화는 2009년 하반기 이후의 대북 정책일 것이다.

그 핵심은 북의 핵무기개발에 대해 유엔의 제재에 참여하여 미국 의 패권정책에 부응하기 보다는 국제사회의 룰에 따르면서도 북과 의 특별한 상호 협력관계를 강화하는 것이었다. 2009년 이후 3차례 의 북·중 정상회담과 경제협력, 나선과 황금평에 대한 조·중 공동 개발·공동관리 진행이 그 내용이다.

그러나 중국의 정책변화가 모두 중국 정부의 의도대로 성공하고 있는 것 같지는 않다. 먼저 경제정책 면에서는 내수주도형 정책의 결과로 정부의 재정적자 규모가 커지고(2011년 6,500억 위안), 지방정 부의 경우엔 무분별한 은행차입 등으로 부채가 지방GDP의 30% 수준에까지 이르렀다.

내수 진작을 위한 통화팽창 정책으로 주택과 빌딩 건설붐이 일어
나 부동산가격이 뛰어오르고 연간 5% 이상의 물가상승률로 서민들
의 생활압박이 커졌다. 이에 따라 2011년 하반기부터 실시한 통화긴
축 정책으로 자동차 구입 보조금 등 각종 보조금이 종료되면서 내수
가 위축되고 부동산 가격도 하락하면서 2012년 이후 경기하락의 신
호가 뚜렷해지고 있다.

정책변화 따른 리스크와 아킬레스건

세계경기 하락으로 수출증가세도 둔화되어 2012년부터 다시 내
수 진작을 위한 인프라투자 확대 움직임이 나타났지만, 늘어나 버
린 정부 부채와 적자, 유럽 등 해외경기의 감퇴지속으로 '정부유도
형 성장정책'이 다시 성공할 수 있을지는 미지수다. 또 국유기업의
비효율성과 낙후한 서비스 의식은 중국민들의 비난의 대상이 되고
있기도 하다.

대외정책면에서도 미국이 이라크·아프칸 전쟁이후 2011년에 아
시아지역으로 발빠르게 회귀하면서 미국-일본-호주-인도라는 대
중국 전략적 포위망이 구축되는 과정에서 중국이 미국의 영향력을
감소시키는 데 어려움을 겪고 있는 것도 사실이다. 중국은 중·대
만 일체화, 중·조 연계강화, 중·한·일 FTA, 동남아국가들과의 남

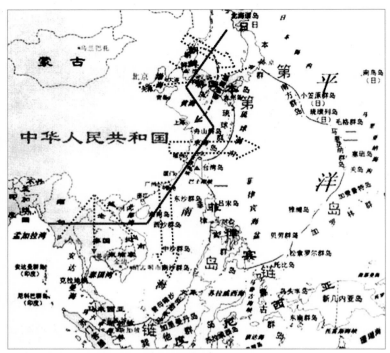

〈그림 9〉 중국의 아시아태평양 진출 방향과 미·일의 대중 억제선, 자료 : 중국 해군 작성
제1도련(한반도–일본–오키나와–대만–필리핀–보르네오–싱가폴) : 중국의 사활적 이익선
제2도련(일본–남방군도–필리핀) : 중국의 권익선
점선 화살표 : 중국의 주요 진출 방향, 실선은 미·일의 전통적 대중 억제선

북경제회랑 강화, 태평양국가들에 대한 경제원조, 러시아 및 인도
와의 전략적 파트너, 중앙아시아 국가들을 포함하는 SCO(상해협력
기구) 강화 같은 돌파구를 열어나가고 있지만, 중국이 남지나해 영
해 문제에서 동남아 국가들과 긴장관계가 높아지는 것이 아킬레스
건이라 할 수 있다.

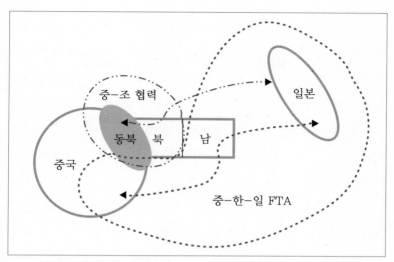

〈그림 10〉 중국의 동북아시아 경제책략 도식

    미얀마의 민주화도 중국에게 리스크를 높여주고 있다. 일본과의 경제협력과는 별도로 미·일동맹 강화를 약화시키기 위한 중국의 압력은 일본이 실효 지배하는 센카쿠열도(중국명 조어도)에 대한 영유권 분쟁으로 나타나고 있다. 중국이 태평양으로 진출하는 길목을 막는 오키나와열도에 미·일이 무력배치와 군사협력을 강화하고 있는 현실에서 대만의 향후 행방도 아킬레스건이다.

    〈그림 9〉에서 중국의 아시아태평양 진출방향을 표시해보았는데 중국에게 동북아시아는 동남아시아와 더불어 사활적 양대 이익지역이라 할 수 있다. 현재는 동남아시아지역 접근에 대한 전략적 우선순위가 높고 동북아시아는 현상유지와 한반도 평화안정을 위한 외교적 중재를 우선하고 있는 것으로 보인다.

그렇지만 〈그림 10〉에서와 같이 동북아의 현상유지를 위해서도 중국은 북에 대한 협력을 강화하고 있는데, 이는 남북 간의 경제력 격차와 대결 심화가 가져올 지정학적 불안을 예방하고 동시에 중국 동북지방의 경제적 외연을 확대하기 위한 전략의 결과이다. 동시에 중국은 한국과 일본에 대한 경제협력 강화(FTA추진)를 통해 경제실익과 함께 일본과 한국을 중국·아시아 경제권에 묶는 전략적 이익을 확보하려 하고 있다.

이렇게 본다면 중국은 동북아시아에서 한반도의 통일보다는 안정과 분단관리를 통한 경제적·외교적 이익을 확보하는 전략을 설정하고 있는 것으로 생각된다. 남북 협력에 대한 중국의 지원은 분단관리 전략의 하위개념일 수 있다. 또한 한반도의 분단장기화를 염두에 두고 일본과 중·일·한, 중·일·조의 분리된 협력체계를 추구할 수도 있을 것이다. 장기적인 전략으로서는 한반도의 통일가능성에 대비하여 중국 우위의 중·한, 중·조 경제관계를 지속해나가는 것도 시나리오로 생각해 볼 수 있다.

중·한·일 FTA, 장기적으로는 中에 유리

이상과 같이 동북아시아에서 중국의 경제책략 시나리오를 생각해 보았는데, 두 가지 주요정책인 중·한·일 FTA와 중·조 경제협력에 대해 각각 검토해 본다.

첫째, 중·한·일 FTA 추진이다. 세 나라 간에는 2011년 9월 3국 간 협력사무국을 서울에 설치하였으며, 2012년 5월 13일 북경에서 열린 중·한·일 정상회담에서 연내에 FTA교섭을 개시하기로 합의함에 따라 6월(도쿄)과 8월(칭타오)에 세 나라 사이에 사전 실무협의가 개최되었다.

세 나라 가운데 가장 적극적인 나라는 역시 중국이었다. 중국은 경제적 실익도 실익이지만 일본을 미·일 중심의 TPP(환태평양경제동반자협정) 참가로부터 중국·아시아지역 블럭으로 되돌리려는 전략이 매우 중요했다. 일본으로서도 TPP참가를 결정하긴 했지만 중·한·일 FTA의 매력도 상당하기에 이 교섭에 참가를 결정한 것이다.

한국은 일본에 대한 무역적자 증가 가능성 때문에 한·중 FTA 우선 추진론이 우세하여 동시추진하는 방향으로 움직이고 있다. 중·한·일 세 나라는 세계 GDP의 19.6%를 차지(2010년)하고 있으며, 중국은 이미 한국과 일본의 최대 무역상대국이다. 그간 한·일 간의 산업구조 유사성과 3국간 무역에서 중간재 비율이 매우 높은 조건에서 자유무역협정이 체결되면 각 국에서 경쟁력이 떨어지는 부문이 정리되면서 산업구조가 재편되고 효율적인 경쟁체제, 그리고 코스트 감소로 인한 가격저하로 소비자 이익증가라는 잇점이 있을 것이라는 분석이 있어 왔다.

그러나 한편으로 자국의 산업보호가 곤란해져 특히 농업같이 경쟁력이 낮은 부문은 큰 타격을 입을 것이며 경쟁력을 가진 산업은 상대국으로 생산거점을 이전할 가능성이 있는 등 FTA가 경제발전에 장기적으로 도움이 되지 않는다는 분석도 동시에 힘을 얻고 있다. 중·한·일의 FTA교섭이 어떠한 내용으로 진행이 되든 중국으로서는 자동차, 기계, 전자, 철강, 조선 등 산업부문에서 일본과 한국에 국내시장을 열어주게 될 것이다. 이 같은 조건은 중국에게 장기적으로 유리하게 작용할 것이다. 한국과 일본이 지금의 대만처럼 중국 없이는 산업을 유지할 수 없는 환경에 처할 것이기 때문이다.

2011년 중국의 수출에서 일본의 차지하는 비중이 8%대, 한국은 4%대에 지나지 않고 수입에서는 일본의 비중 11%대, 한국이 9%대 수준인 것도 중국이 한국과 일본을 더 끌어들일 여지가 있으면서도 한국과 일본에 의존하지 않을 수 있는 호조건으로 작용하고 있다.

둘째로 중·조 경제협력이다. 중국은 북의 산업생산이 정상화되고 항만을 통한 대륙·해양의 물류인프라가 정비되는 것이 양국 간에 호혜관계가 된다는 측면에서 도로·항만 정비, 경제특구 개발, 에너지 지원, 산업원료 제공, 생산재 공급 등과 함께 각종 생활소비재와 곡물, 비료 등을 공급하는 경제배후지 역할을 하고 있다.

2012년 8월, 나선, 황금평 조·중공동지도위원회 3차회의에서 두 나라는 구체적인 실행을 위한 조·중관리위원회를 설치하였고, 이에 따라 9월 7일 장춘동북아박람회 '조선의 날' 행사에서는 조·중공동관리위원회의 중국 측 부위원장이 나선과 황금평, 위화도의 경제개발에 대한 설명을 할 수 있었다. 조선에 대한 중국 측의 경제협력에 대해서는 2012년에 터진 중국 시양집단의 분쟁사태에서처럼 중국 측의 계약불이행과 조선 측 파트너의 약속불이행 등으로 투자성공으로 이어지지 못하는 경우가 왕왕 발생하고 있다. 중국 측은 당면하게는 민간기업보다는 국유기업이 북의 인프라와 산업개발에 참여하도록 유도하고 있는데, 이는 중·조 간의 특수한 경제관계에 비추어 보아도 이해할 수 있다.

북측은 2012년부터 새로운 경제관리체제에서 대외무역과 경제관리에 대한 내각의 지도와 책임을 더욱 강화하고 법 절차와 계약에 따른 무역·투자의 집행을 보장하는 개선조치를 시행하였다. 물론 그 최대의 수혜는 중국 측이 보게 될 것이다. 북이 항만인프라나 광산개발권을 중국에 넘겨주는 댓가로 경제개발을 하는 것이 아닌가 하는 항간의 우려와는 달리 북측은 아직까지 항만부두 자체를 중국에 넘겼거나 광산을 통째로 중국에 넘기는 계약을 맺지 않은 것으로 알려졌다. 중국의 인프라, 광물자원 투자는 나진항 부두의 시설사용권과 공동개발한 광산물의 수입권 같은 수준에 머물러 있는 것이 현실이고, 북측은 중국과의 공동개발·공동관리에서도 자주권의 영역을 고수하고 있다.

중국의 선택, 동북아 국가들과의 호혜협력 확대

중국으로서는 사실 북과 남이 만만치 않은 상대이다. 그렇기 때문에 북측에 대해 지원하면서도 화끈하게 하지 않고 거리를 두면서 생색만 내고 있다. 한편 남측에 대해서는 경제적 활용가치가 크면서도 한국 정부의 친미일변도 외교정책에 대해 비판적 분위기가 깔려 있다. 쉽게 다루기 어려운 한반도에 중국이 주도권을 쥐고 접근하는 가장 유리한 시나리오는 남북이 전쟁은 피하면서도 서로 대립하는 상황이다.

중국으로서 가장 피하고 싶은 시나리오는 전쟁이다. 왜냐하면 전쟁이 벌어지면 미국과 대결해야 하기 때문이다. 남북의 통일도 중국이 피하고 싶은 시나리오이다. 더 커진 한반도를 상대해야 하기 때문이다. 물론 중국이 상상도 하고 싶지 않은 시나리오도 있다. 북이 무너지는 것이다. 여전히 중국과 조선(북)은 순망치한(脣亡齒寒)의 관계이기 때문이다.

중국의 선택은 사실 분명하다. 동북아 국가들이 중국이 몸통임을 인정하고 지역협력체 구성을 통해 중국과 호혜협력을 확대하도록 하는 것이다. 중국은 전쟁을 원치 않으나 미국의 압박이 거세지면 전략적 판단을 바꿀 수도 있을 것이다. 그렇게 되면 그 피해는 주변국으로 돌아간다. 중국이 동북아에서 평화와 안정유지를 우선순위로 선택하고 있는 지금 한반도의 남과 북은 다시금 서로를 돌아보아야 한다. 중국이 썩 내켜하지 않겠지만 그것만이 용의 몸통을 다루는 길이다.

를 가진 강대국 행세를 계속할 수 있었다.

기축통화를 계속 유지하는 미국의 전략적 선택은 지구 곳곳에서 경찰노릇을 하는 것이었고 모든 분쟁에 개입해 무력으로 평정하는 미국의 군사력 절대 우위를 지속하는 것이었다. 1980년대 이후의 군비경쟁과 국제분쟁 사태는 미국의 이러한 의도와 연결되어 있다.

한편 달러 통화팽창으로 미국 달러의 가치는 하락하고 이에 대한 아시아 통화의 가치는 상대적으로 상승하는 시대가 되었는데, 수출주도형 경제정책을 채택한 한국과 대만은 자국의 통화를 저평가하기 위해 달러와 연동(페그)시키거나 인플레이션을 유발하는 정책을 펴게 된다. 1980년대 한국에서 저임금과 고인플레에 시달린 노동자들의 항쟁이 일어나게 된 배경이다.

꿈으로 끝난 '역사의 종말'

1990년대 냉전 해체 이후의 질서는 미국의 패권이 지구적 규모에서 경제적으로도 확립된 최상의 팍스 아메리카나로 불렸다. 1993년 미국의 일본계 학자 프란시스 후쿠야마는《역사의 종말》이라는 책을 펴내, 사회주의가 붕괴한 이후의 역사는 새로운 변화가 없어 자본주의와 민주주의가 영원히 지속된다는 의미에서 '역사가 끝났다'고 단언하기까지 했다.

글로벌리즘이 확산되면서 이제 지구가 다 보이게 되었다는 의미에서 둥글지 않고 평평하다고까지 일컫게 됐다. 미국의 군사력이 필요 없어진다는 논의도 이루어지고, 월가의 금융자본이 자본 및 금융 거래의 규제완화를 타고 전 세계로 확산되며 금융·부동산 버블을 일으키는 장본인이 되었다.

이 시기에 전쟁은 끝났어야 했지만 세계는 더 심한 분쟁의 소용돌이로 빠져들어갔다. 미국은 사라진 소련 대신 새로운 마녀를 만들어 사냥을 계속하는 십자군 노릇을 해야만 했다. 미국의 무기생산업체들과 국방성에 일거리가 있어야 했기 때문이다. 이란, 이라크, 시리아, 리비아, 쿠바, 조선민주주의인민공화국 같은 나라들이 마녀 대접을 받게 되었고, 종국에는 중국이 그 자리를 차지하게 된다.

동북아에서는 1996년에 〈나이보고서〉를 통해 미군 10만 명이 지속적으로 주둔해야 한다는 정책을 확인하고 일본과는 신안보가이드라인을 통해 미·일동맹을 강화하고 전쟁 파트너로서의 역할을 높이는 법제도를 만들었다. 1999년 일본은 〈주변사태법〉 등으로 동북아의 긴장이 높아지는 것에 대비한 안보태세 강화 방향으로 나아갔다.

2001년 9월 11일 동시다발테러라는 위기상황이 발생한 후 미국은 10년간 아시아에 대한 개입정책을 보류하고 대테러전쟁이라는 이름 하에 중동에 힘을 쏟아 부었다. 그 결과 중동은 피폐해졌고 과격 테러리즘은 사라지지 않은 채로 미국은 금융버블이 붕괴하면서 금융·재정 위기에 빠져들었다. 그 사이 아시아, 특히 동북아에서는 중국의 경제성장과 영향력 확대가 눈부셨고 중국은 미국의 위기를 타고 적극적인 대외정책을 구사할 수 있게 되었다.

2011년 미국이 이윽고 '아시아로의 회귀(Return to Asia)'를 선언했지만 늦은 감이 있다. 아시아에 대한 경제정책으로 환태평양경제동반자협정(TPP)을 통해 미국과 일본이 중심이 된 자유경제무역지대를 만들자는 논의를 제기해 놓고 있지만, 일본조차 여기에 참가의사를 표명하면서도 한편으로 중국시장의 눈치를 볼 수밖에 없어 중국이 주도하려는 중·일·한 FTA교섭에도 응하고 있는 실정이다.

그러던 차에 중·일 간에 터진 영토분쟁(센카쿠·조어도 영유권 분쟁)은 약화된 미국의 입지를 살려주는 절호의 기회가 되고 있다. 일본은 국제정치 역학상 미국에 의존할 수밖에 없는 형국이다. 중국과의 관계를 개선하려면 차기 총선거에서 자민당이 승리해 중국의 새 지도부와 다시 대화를 추진하는 수밖에 없다. 중국으로서는 영토 분쟁을 태평양으로 진출하는 절호의 기회로 삼아 미국과 직접적인 전략적 협상을 추구할 것이므로 일본에 대해 지속적인 강공책을 펴고 미국으로서도 이를 활용하는 국면으로 갈 가능성이 클 것으로 보인다. 정치·군사적인 차원에서 동북아 질서는 냉전구조라는 틀이 아직도 들씌워진 특수성을 그대로 보여주고 있다.

美, 아시아 경제수요 창출이 사활적 과제

미국은 일본을 정치·군사면에서 틀어쥐고 한국에 대해서는 분단구조의 첨예한 대립을 활용해 군수산업의 이익을 보장하는 한편

한·미FTA라는 경제통합구조를 최대한 활용하는 그림을 그릴 수 있게 되었다. 자유무역협정에 대해서는 찬반 양론이 뜨겁지만 한·미FTA가 가져다주는 결과 중 명확한 것은 한국이 과거 유지해왔던 정부주도형 경제개발정책을 포기하는 것이며, 한국시장에 대한 미국 산업(농업, 제조업, 건설, 금융, 의료, 서비스업 등 전반)의 수출이 더욱 늘어날 것이라는 점이다. 미국은 금융·재정 위기를 넘기기 위해 수출을 늘려 수요를 증대시키는 수요유발 산업정책에 더해 금융서비스 수출정책을 강화하고 있다.

한국시장은 동아시아에서 미국의 경제적 권익을 확보하는 최상의 실험장이 될 것이다. 경제적 실익이 급해진 미국으로서는 동북아에서 지역 내 대립구도가 격화되는 것이 국익에 유리하다는 유혹을 뿌리치기가 어려울 것이다. 글로벌화라는 환상은 미국과 유럽의 금융·재정 위기로 끝을 본 상황이다. 아시아에서 새로운 경제 수요를 창출하는 것이 미국으로서는 사활적인 과제다.

이제 미국이 할 수 있는 경제책략을 몇 가지 생각해보면 다음과 같다.

첫째, 중·일 영토분쟁에 대한 관리해결사로서 중재안을 제시하는 것이다. 예를 들어 센카쿠섬에 대해 중국이 아닌 대만과 일본의 공동개발안을 내놓을 수 있다. 대만으로서는 마다할 이유가 전혀 없으며 일본으로서도 중국보다는 대만과의 협력체계를 만드는 것이 유리하다고 판단할 수 있다. 중국으로서는 대만이 개발과 영유권에 참여하는 것이 나쁘지만은 않다. 홍콩처럼 남이 개발해준 것을 나중에

접수하면 되기 때문이다. 미국은 대만을 중국으로부터 떼어내기 위한 개입을 할 것이고, 군사·경제적 관여가 필요한 시점에서 센카쿠섬 영유문제는 미국이 개입할 수 있는 좋은 기회가 되고 있다.

둘째, 미·일·한을 묶는 군사협력체제와 더불어 다국 간 경제협력체제를 TPP를 통해 만들어내는 것이다. 한·미FTA의 성공은 미국의 입장에서 동아시아 국가들을 중국으로부터 경제적으로 분리해내는 중요한 시금석이다. 그러나 이것이 성공하기 위해서는 미국시장이 과거처럼 풍부한 구매력을 가지고 수입을 해주어야 하지만 지금은 정반대의 양상이 벌어지고 있다. 미국은 보호주의로 가면서 아시아시장을 자유무역으로 개방시키고 있는데, 미국이 시장을 더 열어주지 못하는 한 TPP는 아시아국가들에게 그림의 떡에 불과할 것이다.

미·중, 인정은 하되 의존하지 말자

셋째로 북에 대한 별도의 경제적 관여정책을 구사하는 것이다. 중·북 간의 정치·군사·경제적 연계강화는 미국으로서는 초기상황에서는 견제가 가능하다 하더라도 장기적으로는 대응비용이 많이 드는 역학관계이다. 따라서 미·북 간의 협력틀을 빨리 형성하는 것이 장기적 관리비용을 감소시킨다는 결론을 받아들인다면, 중·북 관계 분리를 위해 북에 대한 적극적인 관여정책이 필요하고 이를 실시할 명분이 필요하게 된다. 북이 핵실험과 로켓발사에 대한 추가적인 계획이 없다면 미국으로서는 북 경제에 대한 개발프로그램을 가동할 수 있을 것이다. 이는 북과 미국의 신뢰양성 프로그램으로 설정될 수 있으나 군사적 관점을 우선으로 하는 미 국방성의 대북 불신 시스템을 극복하지 않는 한 지극히 어려운 과제다.

마지막으로 남북의 통일노력에 대해서는 지속적인 견제와 방해를 놓으며 남북 경제협력이 남측에 유리하지 않다는 상황인식을 퍼뜨리는 것이다. 남북 분단구조는 미국이 동북아에서 패권을 유지할 수 있는 사활적인 전제다. 북의 체제변화보다는 분단구조 유지가 더 매력적이라는 것이 이전 부시 정부와는 다른 오바마 정부의 정책기조이다.

이렇게 본다면 미국은 중국과의 전략적 대화와 긴장, 미·일 및 미·한동맹 강화, 환태평양경제동반자(TPP)협정, 미·일·한·대만 동북아협력체제 가동, 북과의 관계변화와 같은 정책을 퍼면서도 북과의 관계개선은 최후의 단계로 미루고 있다고 할 수 있다.

북으로서는 미국과 관계를 개선한 결과로 정권이 무너진 리비아의 교훈이 있다. 정권과 체제의 안전보장은 북에겐 그 무엇과도 바꿀 수 없는 절대적 가치다. 이러한 상황에서 미국을 끌어들이지 않고 동북아 질서가 평화를 유지할 수 있는 방법을 찾아야 하는데, 동북아 국가들 스스로 냉전구조를 벗어나는 길만이 그 해답이다. 미국을 인정하되 미국에 의존하지 않고, 중국을 인정하되 중국에 의존하지 않는 동북아 질서를 만들어내는 지혜가 필요하다. 북이 몸부림치며 만들려는 질서가 이것이다. 한국은 이러한 전략을 공유할 수 있을까. 그러자면 냉전사고를 버리는 데서 시작해야 한다.

남북 경제
균형발전이
동북아 평화번영의
담보

중국, 러시아, 한반도, 몽골, 일본을 돌아 동북아지역의 경제현실과 중·러·미의 동북아경제
책략을 둘러보았다. 이제 동북아의 진정한 평화와 번영을 위한 우리의 과제들을 정리해
보자.

용의 몸통으로 욱일승천하던 중국은 2012년 이후 세계경제 침체의 영향으로 경제성장이 전처럼 폭발적이지는 않지만 그래도 세계경제의 중심으로 서 있다. 국내소비와 투자가 회복되면서 2012년 경제성장률은 수정 목표치인 7.5%를 넘어 8%정도에 달했다. 중국경제는 이미 세계, 특히 아시아 경제에 커다란 영향력을 미치는 힘을 갖게 되었다.

2012년 국제통화기금(IMF)이 내놓은 〈중국의 경제 파급효과에 관한 보고서〉에 따르면, 중국의 투자증가율이 1% 하락하면 서플라이체인(공급망)과 매우 밀접한 관계가 있는 한국, 말레이시아, 대만 등의 GDP성장률이 0.5% 포인트 낮아진다고 한다. 중국의 경제상황은 주변국들의 경제에도 사활의 문제가 되어버렸다.

한편 일본 경제는 경기감퇴가 두드러지고 있다. 인구 감소와 노령화로 국내 수요가 주는 터에 엔고로 인한 물가 하락과 공급 증가로 구조적인 디플레이션 불황이 이어지고 있다. 게다가 2011년 3월 후쿠시마 원전사고이후 원전 가동중지가 이어지면서 화력발전용 천연가스(LNG) 수입은 대폭 늘었지만 세계경제의 불경기 속에 주력 수출품목인 전자·통신·자동차 수출이 한국제품의 경쟁력에 밀리면서 수출이 줄어들어 무역수지도 적자로 돌아섰다.

그렇지만 일본은 이미 엔고를 배경으로 해외 자본투자 등을 통한 이자소득 등 소득수지가 지속적으로 늘어나는 투자대국이 되어 무역수지에 소득수지를 합한 경상수지는 흑자를 유지하고 있다. 앞으로 일본은 해외투자(그 중에서도 수익률이 높은 직접투자)의 비중을 높여 무역수지보다는 경상수지 확대를 추구하는 경향으로 나아갈 것으로 보인다.

여전히 강력한 中, 쇠퇴하는 日

'저축-투자=경상수지'라는 거시경제 항등식을 인용하지 않더라도 소자고령화(小子高齡化 : 고령자는 점점 늘어나고 어린 아이들은 줄어드는 현상)로 국내저축률이 낮아지는 상황에서 국내투자를 낮추고 해외투자를 높이는 것이 경상수지 흑자를 유지하는 방법이기 때문이다. 엔고 상황은 일본의 무역에 불리하지만 투자에는 유리한 국면을 만들고 있다. 그래서 일본 정부는 정책적으로 약간의 엔저 상황을 만들어 현재의 1달러 79엔대에서 85~90엔대로 만들기 위한 금융완화(돈 찍

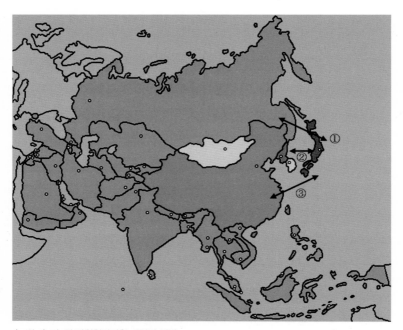

〈그림 11〉 미·일 방위협력지침 개정의 경위
- 제정(1978년) 냉전체제에서 소련에 의한 상륙공격 등을 상정. 일본에 대한 무력공격 발생시, 일본자위대는 방위에 전념하고 미군이 지원하여 공격세력을 격퇴.
- 개정(1997년) 주변사태로서 한반도 유사시를 상정. 일본은 출동하는 미군에 대해 일본의 기지, 공항, 항만을 제공하고 자위대는 수송과 보급 등 후방지역 지원 담당.
- 재개정(2012년~) 중국의 해양진출과 북의 장거리탄도미사일, 사이버공격에 대응. 오키나와 등 남서군도 방위에서 미·일 연계 등 협의(출처 : 《아사히 신문》 2012.11.11)

어내고 대출 확대하기) 정책을 실행하여 무역 경쟁력 확대와 해외투자 수익 유지라는 두 마리 토끼잡이를 할 것으로 보인다. 일본 정부는 해외투자 확대를 위한 자유무역협정(FTA) 또는 경제연계협정(EPA) 을 확대해나갈 것이다. 그 주요 대상지역은 아시아태평양지역이다.

일본과 중국의 관계는 정치적으로는 센카쿠섬(중국명 다오위다오)
에 대해 일본 정부가 국유화 조치를 취함으로써 중국이 반발하여 섬
영유권문제를 둘러싼 분쟁이 심각해져 전후 최대규모의 반일시위
가 중국에서 발생했고 중국에 투자한 일본기업이 상당한 타격을 입
고 있다. 2012년 10월에 중국에서 판매된 승용차 130만 대 중에서
일본차는 9만9천 대에 불과하여 2011년 10월과 비교해 59.4% 감소
했으며 시장점유율도 7.6%로 한국의 9.7%에도 뒤지는 처참한 결과
《아사히신문》 2012.11.10)로 나타났다. 이에 따라 중·일 간의 무역규모
도 감소하여 2012년에는 미국이 다시 일본의 최대수출국으로 올라
섰다. 일본이 '중국의 대두'와 '미국의 아시아 회귀' 사이에서 어떠
한 전략을 취할지는 이미 자명하다.

"동아시아의 안전보장환경이 위험을 더해가고 있는 가운데, 미·
일동맹을 발전·심화시켜가기를 기대한다"(후지무라 관방장관 기자회견
2012.11.8)는 일본 정부는 미국과 2012년 12월부터 '미·일방위협력
지침'을 다시 개정하는 협의를 개시했다. 여기서 중점은 중국의 해
양진출에 대해 미·일이 공동으로 방위협력하는 방법이며 일본은 이
를 위해 국내법을 정비하게 된다.

중·일 영토분쟁

일본 일각에서는 중·일 간의 영토문제가 비등해져 중국군이 센

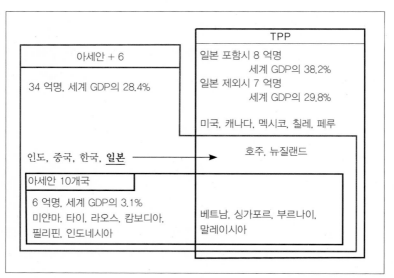

〈도표 4〉 TPP와 아시아 경제협력의 틀

카쿠섬을 점령하는 사태를 상정하고 이에 대한 미·일 간의 군사협력과 함께 일본과 한국이 핵무장으로 나아가야 한다는 극단적인 주장을 하는 극우세력도 존재하며 정치권에서는 더욱 우경화한 정당이 출현하고 있는 형편이다. 이러한 중·일 간의 대립 상황에서 미·일 관계가 군사·정치적으로 긴밀해지는 것뿐 아니라 경제적인 측면에서 미국이 추진하는 환태평양경제동반자협정(TPP)에 일본이 참여하는 문제가 초점이 되고 있다. 아시아태평양지역에서 자유무역협정을 추진하는 일본으로서는 중국을 배제하는 TPP가 구원의 손길일 수 있다. 한·중·일 자유무역협정은 일본에게는 협상을 위한 카드 정도의 위상이 되어버렸다.

동북아에서는 1997년 아시아 통화위기이후 만들어진 '아세안+3(한·중·일)'의 틀이 유일한 경제협력 추진틀이었고, 이 흐름에서 한·중·일 간의 경제협력이 자유무역협정 추진으로 이어져왔다. 자유무역협정 그 자체의 찬반양론은 뜨거우나 동북아시아에서 역내 경제협력이 모색되어온 하나의 사례로써 중요한 의미를 가진다. 일본은 중국에 대한 염려 때문에 미국이 있는 태평양 쪽으로 달려가고 있는 것이다.

바야흐로 동북아에는 구 실세였던 일본이 현 실세인 중국에 대해 위협을 느끼고 일본의 장래를 미국과 결탁하여 재구성하고 중국에 대해 전략적으로 거리를 두면서 여기에 한국을 끌어들이겠다는 구상이 현실화되고 있다. 한·일 간에는 2012년 1월 국방장관회담에서 군사정보포괄보호협정(GSOMIA, 지소미아)을 체결하기로 합의한 후 한국 내의 반발로 연기한 바 있다.

중국과 북을 대상으로 한·일 간의 군사감시력을 향상시킨다는 목적을 지닌 이 협정은 체결이 연기되었지만 2012년 11월 일본해상자위대 상급지휘관 양성과정 대원들이 방한하여 대전 현충원에서 천안함 침몰 장병 묘지에 참배하고 서울에서 만주국 육군중위 출신인 백선엽 장군으로부터 "한국과 일본은 일의대수(一衣帶水)다. 함께 동양평화를 위해 공헌하자"는 강연을 듣기도 하였다.

동북아 위협하는 한·미·일 삼각동맹

동북아에서 미·일·한의 3각동맹 관계는 미국과 일본이 중국과 북에 대한 견제 때문에 그 필요성을 더욱 느끼고 있어서 미국 오바마 대통령 2기에 훨씬 강화된 형태를 한국에 요구할 것으로 보인다.

이제 시각을 한반도로 돌려보자.

이명박 정부 5년간 남쪽에서는 '민족분단형 국가우선주의'라고 할 수 있는 이념주의가 경제실용주의를 압도하며 남북 간의 경제관계를 파행시켰다. 그나마 개성공업단지가 운영되면서 5만 명 이상의 북측 노동자가 한국기업에서 일하고 있는 것이 유일한 남북 경제관계이다.

이러한 상황이 만들어진 데는 남측 정부 스스로의 전략적 판단도 있겠지만 중·북과 대결하는 미·일의 전략에 남측 정부가 한쪽으로 당겨짐으로써 동북아시아가 균형을 상실하고 대립국면이 조성된 측면도 있다. 이 상황이 지속된다면 반드시 충돌이 생기고 위기가 촉발될 수 있다. 동북아는 통합의 힘을 상실하고 대립과 충돌의 힘이 증가하고 있다.

한편 북쪽에서는 2009년 5월 핵실험을 하여 새로 등장한 미국 오바마 정권에 대해 비타협적인 강경정책을 씀으로써 한반도의 긴장상태가 증폭되는 데 중요 계기를 제공했다. 미국의 봉쇄정책에 대항하는 자위적인 핵억지력이라는 북측의 입장도 있지만, 결과적으로 한반도의 남과 북은 상호협력이라는 틀보다 상호대립과 각각 중국,

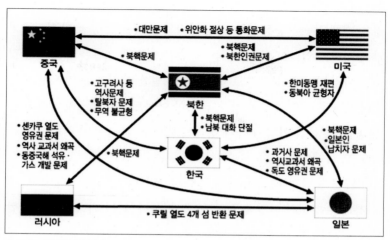

〈그림 12〉 동북아 갈등구도

미국에 의존하는 틀을 사용하게 되었다.

　2009년 가을부터 중국이 북에 대한 적극적인 지원책으로 선회한 것은 중국이 국익에 대한 종합적인 판단 결과로 나온 것이었다. 그 후 세 번에 걸쳐 김정일 국방위원장이 중국을 방문하여 북·중 관계는 1990년대의 반목관계를 완전히 청산하고 전면적인 협력관계로 나아갔다.

　그러나 중국은 북측이 필요로 하는 식량제공 등 광범한 경제지원을 하지는 않고 자국에 유리한 광물자원 개발과 항만개발, 도로 등 경제인프라 연결 등에만 관심을 쏟았다. 중국으로부터 경제개발 자금을 도입하여 개발계획을 추진하려던 북의 구상은 실현되지 못하였고, 2011년부터 중·북 국경의 나선특별시와 신의주 부근의 황금

평을 경제특구로 공동개발·공동관리하는 것으로 중국의 실리주의
가 구현되고 있다고 하겠다. 북·중 간 경제특구 개발은 본격화할 것
으로 예상되지만, 북측으로서는 경제개발을 중국에만 기대할 수는
없다는 교훈도 얻었을 것이다. 러시아 아무르주와의 경제협력을 통
해 농업 및 건설 인력 수출과 경작 수확물 도입 등을 추진하고 있는
것도 그 사례이다.

2012년은 남과 북이 더욱더 멀어진 해였다고 기록될 것이다. 북
은 북대로 자신의 살길을 찾아 중국, 러시아, 기타 나라들과 경제협
력을 강화하고, 남은 남대로 미국, 일본, 유럽, 아시아 각국과의 경
제협력을 강화하는 것으로 분단상태가 사실상 더욱 고착되는 결과
가 되었다.

갈등이 점철된 MB정부의 남북관계

그러나 남북관계의 개선은 시대적 흐름이다. 2012년 남측의 12월
대통령선거를 통해 들어선 박근혜 정부도 이명박 정부와는 다른 대
북정책을 추진하고 있다. 박근혜 대통령은 후보시절인 2012년 11월
5일 외교·안보·통일 정책을 발표해 남북 간의 신뢰를 회복하기 위
해 정상회담을 추진할 것이며, 남북 간의 경제협력·문화교류·국제
기관을 활용한 인도지원을 강화하고 서울과 평양에 남북교류협력사
무소를 설립하겠다는 구상을 제기했다.

물론 그 기본전제로 북의 군사적 위협을 막기 위한 억지력 강화, 핵문제 해결을 위한 한·미·중 전략대화 추진을 제시하는 것도 잊지 않아 '민족분단형 국가주의' 이념틀을 유지하고 있다. 남측의 억지력 강화는 어느 면에서는 정부로서 있을 수 있는 정책으로 들리지만 그 구체적인 내용이 남북의 군비경쟁을 의도하는 것이라면 경제협력 등은 단순한 겉치레 수사에 지나지 않게 될 우려가 있다.

북측은 후계체제의 전환기를 지나 김정은 제1비서 체제가 안정적으로 자리 잡으면서 국내적으로는 경제문제를 풀기 위한 제도개선에 주력하고 있다. 농업의 생산과 분배 제도에 대한 개선, 기업소의 관리운영에 대한 개선, 식량공급 체계에 대한 개선, 대외무역과 투자 유치에 대한 개선 등이 본격적으로 진행되고 있다.

그 구체적인 내용은 2012년 곡물 수확의 배분과 2013년 협동농장 생산체제에 적용되었다. 기본적으로는 사회주의 국가관리체제를 견지하면서 시장의 기능을 배합한 형태로 나타나고 있다. 북측은 새로운 시대로 접어들었다. 젊고 유능한 인재들이 사업현장에서 판단하고 결정할 수 있는 기회가 많아지고 정부는 내각을 중심으로 경제발전을 추진하는 체계를 세우고 있다. 시대적 전환기이다.

남북경협의 미래상

남과 북이 시대적 전환기에 있는 현재 남북 경제협력의 미래상은 전적으로 남측 박근혜 정부의 정책에 달려있다고 해도 과언이 아니다. 동북아의 정세변화 속에서 남과 북이 '용의 여의주'가 되는 미래상을 그려보자면 다음과 같은 요소들을 고려해야만 할 것이다.

첫째, 남북문제를 한반도에 가두어 사고하는 협소한 시각을 버려야한다. 민족지상주의를 지양해야 한다. 글로벌화 이후의 세상은 민족단위에서만 경제가 운용되는 것을 불가능하게 만들어 버렸으며 무역과 투자를 경제의 중요한 구성부분으로 인식해야 한다. 북측도 그러한 방향으로 가고 있는 것으로 보인다. 동아시아지역 단위로 한반도문제를 구상하는 관점이 필요하다.

둘째, 대외의존적인 한반도 전략구상을 버려야 한다. 북에 대항하기 위해 한·미·일 동맹을 강화한 이명박 정부의 구상이나, 한·중·미 전략대화를 하겠다는 박근혜 정부의 구상은 대단히 '신라'적인 전통을 이어받은 구상이다. 국제사회와 협력하되 중심은 남북관계에 있고 남북이 먼저 합의를 이루어야 국제사회도 움직일 수 있다는 민족 우선적인 전략구상을 가져야한다. 민족지상주의가 아닌 민족 우선주의가 필요하다.

셋째, 남북이 이미 합의한 사항을 준수하며, 그 사업들을 발전시키면서 남북이 균형적인 경제발전을 이루는 것이다. 멀리는 7·4공동성명과 1991년 남북기본합의서, 6·15공동선언과 10·4선언을 잇는 기본정신은 민족자주이며 화해와 균형발전이다. 2007년 10·4선언에는 임진강 하구 공동이용, 서해평화협력특별지대 건설(공동어로), 해주경제특구 건설, 개성공업단지 확대, 문산-개성 간 철도화물 수송, 남포와 안변에 조선협력지구 건설, 금강산 면회소 개설, 개성-신의주 간 철도와 개성-평양 간 고속도로 정비와 공동 이용, 백두산관광과 백두산-서울 직항로 개설 등 많은 경제협력 사항이 합의된 바있다. 그리고 이미 실행되었던 것으로 남측의 경공업원료와 북측의 광물을 교환하는 사업도 있다.

민족 지상주의 아닌 민족우선주의 필요

넷째, 상호신뢰이다. 상호체제에 대한 불신으로부터 오는 안전보장상의 문제를 남북이 정면으로 대화하여 낮은 단계에서부터 신뢰를 이루어 가는 것이 중요하다. 남북이 불가침협정을 준수하며 서로에 대한 무력 공력의 가능성을 배제하는 협의틀을 만들어가는 것이 필요하다. 핵문제에 관하여는 핵폐기를 최우선 과제로 삼는 미국의 입장을 남측이 무조건 수용하는 것이 아니라, 한반도의 핵폐기가 최종적으로 이루어지도록 로드맵을 합의했던 6자회담이나 새로운 4자회담 등을 통해 실질적인 진전이 이루어지도록 하는 것이다. 이를 위해 북·미 간의 직접대화와 관계개선은 핵폐기로 가는 중요한 전제로 된다.

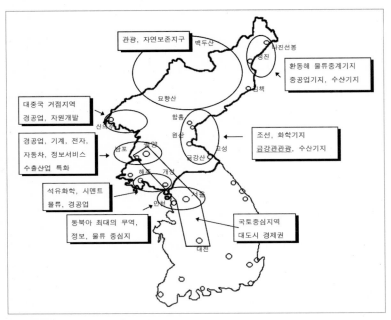

관광, 자연보존지구

백두산

나진선봉

청진

환동해 물류중계기지
중공업기지, 수산기지

김책

묘향산

대중국 거점지역
경공업, 자원개발

신의주

함흥

원산

조선, 화학기지
금강관관광, 수산기지

경공업, 기계, 전자,
자동차, 정보서비스
수출산업 특화

남포

평양

고성

금강산

석유화학, 시멘트
물류, 경공업

해주

개성

인천

동북아 최대의 무역,
정보, 물류 중심지

서울

국토중심지역
대도시 경제권

대전

〈그림 13〉 한반도 국토개발 종합 구상

남북의 산업구조 동시개편

이상과 같은 요소들을 고려하면 남북 경제협력의 미래상은 다음
과 같은 형태로 나타날 것으로 생각된다.

첫째, 북측의 농업문제, 특히 식량문제가 근원적으로 해결된다. 남
측의 재고미가 북측으로 보내지고, 북측에선 친환경 유기농산물 계
약재배가 이루어지며, 현대화된 기술을 통한 농업생산을 통해 민족

구성원에 대한 식량공급에서 대외의존도를 낮추어 식량 안전보장 문제를 개선한다.

둘째, 남측의 산업구조 개편과 북측의 산업구조 개편이 동시에 이루어진다. 남북에 경제연합의 형태로 '민족경제공동체' 구상이 현실화된다. 10·4선언의 내용을 실현하는 것만으로도 상당한 수준의 경제연합이 이루어질 수 있다. 북측 지역의 선도산업으로 육성될 것으로 예상되는 분야는 북이 비교우위를 가지는 분야와 남북 상호보완적인 산업분야가 될 것인데, 다음과 같은 분야이다.

- 북측의 비교우위 산업분야
    - 노동집약산업 부문인 의류, 신발 등의 경공업과 가전제품 조립, 조립금속 분야
    - 자원을 활용한 광업, 1차금속, 비철금속, 시멘트, 요업, 목재 및 석재 가공분야
    - 자연경관을 이용한 관광 관련산업
    - 북의 지정학적 이점을 활용한 중계무역
- 남북 상호보완적인 산업분야
    - 농업분야
    - 발전분야
    - 중공업분야(기계, 철강, 석유화학, 조선, 자동차)
    - IT, 전자 / 통신 산업분야
    - 물류산업

셋째, 남북의 산업에서 기술집약부문의 국제경쟁력이 높아지며 높아진 공급능력을 가지고 동북아시아 및 아시아지역 내 산업 간 분업망을 통해 역내 시장진출을 활성화한다. 즉, 그동안 남측이 동남아, 인도, 중국 등에 대해 투자한 것은 주로 생산원가 절감형 공장 이전이나 판매시장 개척이라는 두 가지 축이 중심이었는데, 남북협력을 통해 공장이전보다는 부품공급망 확대, 판매시장 확대 쪽을 강화함으로써 남측만이 추진하는 경우의 산업공동화 현상을 방지할 수 있다.

이상과 같은 미래상을 가진 한반도는 중국이나 일본의 경제력에 좌우되지 않는 자주적인 경제단위로서 동아시아의 중요한 경제강국으로 .등장하게 될 것이다. 바로 그 힘만이 용의 몸통인 중국을 활용하는 여의주가 되며 동북아로부터 떨어져나가려는 일본을 끌어당기고 활용하는 기반이 되어 북·일 간의 관계개선으로 이어질 것이다. 동북아의 평화번영은 남북 경제의 균형발전과 단합된 힘이 있어야 비로소 이루어질 수 있다.

제2부

동북아 경제의 과거를
성찰하다

중국 훈춘과 북의 남양을 잇는 철도

조선(북)과 중국의
'일구양도(一區兩島)' 구상
나선특구와
위화도·황금평 개발 합의

2010년 11월 중순 중국 동북진흥계획과 북·중 경제협력이 활발하게 진행되고 있는 중국 동북지방을 다녀왔다. 2010년 김정일 국방위원장의 두 차례 동북지방 방문 이후 새로운 단계로 발전하고 있는 북·중 경제협력의 현장을 직접 둘러보기 위한 여정이었다. 역사적으로, 지정학적으로 한반도와 밀접한 관계를 맺어 왔고, 향후 그 중요성이 더욱 높아질 것으로 보이는 중국 동북지방의 변화상을 소개한다.

일본에 살면서 업무관계로 중국 동북지방을 자주 다니게 된게 큰 즐거움이긴 하다. 예전에 만주로 불렸던 이곳에는 요녕성, 길림성, 흑룡강성이 있어서 이를 합쳐 동북3성이라고 부르고, 내몽고자치구 동부지역을 포함하면 동북부라고도 부른다.

"왜 하필 중국 동북지방인가?"

1990년대 중반부터 15년간 20번 이상 동북지방을 둘러봤다. 그래도 '왜 하필 중국 동북지방인가?' 하는 질문을 그곳에 갈 때마다 스스로에게 묻곤 했다. 겨울에는 영하 20도 이하로 내려가는 곳에 온것을 후회한 적도 많고, 한여름엔 식중독으로 아슬아슬하게 병원에 실려 가기도 했다.

그래도 걸음을 멈출 수 없었던 것은 거기서 만나는 우리 동포들이 따뜻하게 대해 주었고, 동포애로 조선(북)에 대한 경제원조 활동이 이루어지는 곳이기 때문일 것이다. 복잡한 남북, 중국의 현실정치와 국제관계 속에서 민족애라는 것을 그나마 체험할 수 있는 곳이어서 그런 것 같기도 하다.

추상적인 개념의 민족이 아니라 구체적인 현실 속에서 민족 구성원이 어떻게 경제·사회·정치·문화적인 연결고리를 유지하고 살아갈 것인가 하는 문제는 해외에 사는 코리언이라면 더 현실적인 문제이기도 하다.

마음은 민족문제에 있지만 일은 현실의 경제협력 관계를 조사하고 문제점을 찾아 연구하는 것이라 중국 동북지방에 체류하는 시간의 대부분은 중국이라는 국가를 기준으로 판단하고 분석하는 것이 대부분이다. 경제적으로 융성하고 있는 중화인민공화국의 동북지방에 대한 개발정책과 한국 기업들의 동북지방 투자확대, 중·조 사이의 경제관계 같은 것이 동북지방에 대한 연구 대상이다. 특히 중국 동북지방은 식량·에너지·공업원료 등 북의 경제운용에 중요한 물자를 북으로 공급하고 있기에 이를 제대로 파악하고 냉정히 들여다보는 것이 필요하다.

대련, 식민지 유산을 경제발전의 토대로 삼다

일본 나리타공항을 오전에 출발해서 3시간 반만에 요동반도의 끝에 있는 대련공항에 도착했다. 중국시간 12시 30분, 아직은 겨울 같지 않은 화창한 날에 도착한 '동방의 진주' 대련이다. 러시아의 남진정책의 꽃이었고 시베리아 철도가 대련·여순까지 이어졌지만, 1905년 러일전쟁에서 일본에 패해 직할영지(관동주)로 되어버린 대련. 이곳은 러시아와 일본이 지은 건물들이 아직까지 사용되고 있다.

시내 중심가 중산(손문 선생의 호)광장은 일본이 도시설계한 것인데, 그 광장에 일본 남만주철도회사가 지은 야마토여관이 지금도 대련빈관으로 이름을 바꾸어 영업을 이어가고 있다. 대련경제개발구에는 일본기업들이 집중적으로 진출해 있다.

과거 식민지 유산을 거꾸로 경제발전의 토대로 삼고 있는 곳이 대련이다. 섬유봉제로 시작해서 지금은 전자·IT. 물류분야의 첨단공업화가 진행되고 있다. 이곳을 2010년 5월 김정일 국방위원장이 시찰했다. 당시 대련시는 경제개발구에 들어오는 북 기업에 대해서 적극적인 지원을 하겠다고 표명했다고 한다. 물류·공업지구·교육·생활환경이 잘 갖추어진 대련은 북에게 중국식 개혁개방의 성과를 보여주는 좋은 교재 역할을 하게 될 것이다. 대련은 앞으로 북의 남포나 나진 항만의 개발모델이 될 것으로 보인다.

대련에 대한 조사가 목적은 아니어서 하루 여덟 편 다니는 단동행 고속버스를 타고 4시간 걸려 단동으로 향했다. 대련-단동 고속도로는 몇 년 전에 완공되었는데, 오후 시간대여서인지 차량은 별로 보이지 않는다. 대련과 단동의 경제적 연계가 아직 활발하지 않은 탓이기도 하고, 요녕성이 심양-대련항, 심양-단동항처럼 내륙에 있는 심양을 중심으로 개발된 때문이기도 하다.

중국에서는 현재 전국에 걸쳐 고속도로와 철도(고속철도) 건설이 활발하게 이뤄지고 있다. 아직 토지수용비가 저렴하고 실업자 구제 대책이란 명분도 있을 때 인프라시설을 다 깔겠다는 중국 정부의 계산이기도 하다. 한국도 그렇지만 정부 재정동원으로 내수경기를 확대하려는 정책이 필요할 때 추진되는 것이 건설산업이다. 중국의 그 넓은 땅이 도로와 철도로 촘촘히 연결되고 있는 중이다.

단동, '중·조 경제합작구' 신설 추진

단동(丹東)은 압록강을 사이에 두고 신의주와 마주하고 있는 곳이라 한국사람들에게 익숙한 곳이다. 중국과 북 사이 무역의 70%, 지원물자의 대부분이 단동을 통해 이루어진다는 사실은 널리 알려져 있다. 지금은 조선족이 약 1만 명, 북에서 사업으로 나와 있는 사람들도 2,000명 수준이 된다고 하니, 단동-신의주는 북의 경제가 돌아가는데 아주 중요한 역할을 하고 있는 셈이다. 단동 사람들은 이 루트가 북의 생명줄이라고까지 이야기하고 있다.

단동의 원래 이름은 안동(安東)으로 당나라가 고구려를 멸망시키

단동에서 바라본 단교와 중조우의교

고 세운 안동도호부에서 유래한 말로 '동쪽을 평정한다'라는 뜻이었다. 그 뜻이 좋지 않다고 하여 1965년에 중·조 간 합의로 공산주의를 상징하는 붉은 단(丹)으로 바꼈다.

1882년 청나라 정부가 단동과 조선·일본의 통상무역을 시작했지만 본격적인 개발은 일본이 시작했다. 러일전쟁을 위해 압록강에 군사용 다리를 신의주-안동 사이에 건설한 게 그 시작이었고, 1905년에 세관이 개설되었다. 단동은 1911년 신의주철교(6·25전쟁 당시 미군의 폭격으로 끊어짐)를 놓은 이후 신의주 개발과 함께 급속히 성장한 도시다. 1929년에는 신의주-안동 도시·항만 개발계획이 추진되고 수풍댐 건설과 함께 신의주-안동이 공업지구로 각광을 받았다.

1943년에 새 철교가 부설되었는데 6·25전쟁 통에도 이 철교가 살아 남아서 지금은 '중조우의교'란 이름으로 북과 중국 사이의 무역에서 가장 큰 역할을 하고 있다. 특히 전쟁 이후 북과 중국 사이의 정부 간 공식 바터무역 이외의 변경무역에서 절대적인 비중을 차지하게 되었다. 1958년에 요녕성과 길림성의 대표단이 평양을 방문, 조선소비협동조합중앙연맹과 협의하여 '중조양국 변경지역간 물물무역협정'을 체결하고, 1961년부터 정식으로 중·조 간의 변경무역이 시작되었다고 한다. 1960년대 문화대혁명 기간에 중조무역은 중단되었고 1970년대까지 단동세관은 폐쇄되었다. 1982년에 단동세관이 재개되어 북과의 일반무역과 국경무역이 재개되어 지금에 이르고 있다.

단동-서울, 국제선 취항 기대

단동에서 저녁식사에 초대해준 분은 평양에서 태어나고 자란 중국화교이다. 단동으로 돌아와 조선(북)의 친구들과 협력하여 무역을 해서 큰 성공을 거두고 지금도 단동의 부동산 개발에 적극적인 사업가이다. 단동에서는 월동에 들어간 개구리가 기름기를 많이 배고 있다고 하여 보양식으로 유명한데, 놀랍게도 그걸 대접받으면서 단동의 최근 사정을 듣게 되었다. 그 분의 말에 따르면 2010년 여름 수해가 아주 심각했는데, 신의주는 거의 다 잠기고 단동은 절반이 잠겼다고 한다. 큰비가 내린데다 수풍댐을 방류해서 그렇게 되었다는 데, 수풍댐은 이제 많이 낡아서 겨울철에 대대적인 수리를 하게 된다고 한다.

단동은 앞으로 대련 다음가는 동북지방의 대외물류기지가 되는 것을 목표로 삼고 있다. 향후 국제공항으로 평양(주2회)과 서울(매일)에 정기편이 취항할 것으로 기대된다고 한다. 서울 취항편은 일본 후쿠오카로 이어질 계획이란다.

2010년 단동시의 수출액은 16억 달러 정도였다. 3분의 1인 5억 달러 이상이 북으로 수출되는 것이고, 그 중 변경무역으로 이뤄지는 것이 60% 정도라고 한다. 오늘 단동은 육로로는 북을 통해 한국으로, 해로로는 동아시아 각 국으로 연결되는 물류중심으로 떠오르고 있다.

단동시의 개발계획에 따르면, 단동시에서 서쪽으로 압록강 하류를 따라 대동항에 이르는 62km의 광대한 지역에 목적별로 구획정리된 '단동임해산업단지'라는 이름의 신도시를 건설할 예정이다. 이 신도시의 모형도를 보면, 크게 ① 단동신구(도시기능, 교육, 주택 등), ② 고기술산업구, ③ 기계공업구, ④ 항만공업구로 나뉜다. 단동시는 고기술산업구에 바싹 달라붙은 북쪽땅 황금평을 가능하면 ⑤ 중조경제합작구로 해서 다섯 구역을 함께 묶어서 개발하는 것을 희망하고 있다.

이미 매달 모습이 달라지는 맹렬한 기세로 고층 아파트, 호텔, 학교, 산업연구시설, 공업단지 건설이 진행되고 있다. 다만 ⑤ 중조경제합작구는 아직 어떤 모형도 없는 상태이다. 이 중조경제합작구가

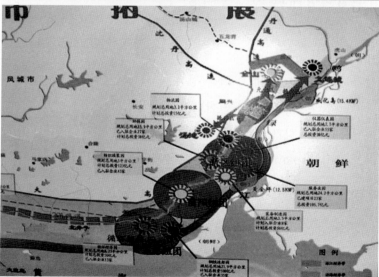

단동시 개발계획도(위)와 2010년 단동 신도시 개발 모형도(아래).

잘 진행된다면 단동과 황금평이 '홍콩과 심천'과 같은 관계가 될 것이라고 말하는 사람도 있었다. 하지만 아직 중국과 북에서는 이에 대해 구체적인 발표가 나오지 않고 있다.

황금평(12.5km²)과 위화도(15.4km²)에 대해서는 북이 자유무역구로 지정해서 중국에 개발권을 넘겼다는 보도가 나온 바 있으나, 단동시에서 그에 대한 구체적인 확인은 할 수 없었다. 하지만 단동시의 개발계획 모형도에 황금평과 위화도 두 개의 섬만이 별도의 녹색으로 표시되어 있는 것은 나름대로 시사하는 바가 크다.

신압록강대교 2010년 착공

단동과 신의주를 잇는 신압록강대교 건설은 2009년 10월 중국 원자바오 총리가 방북해 두 나라 정부 간 협정으로 합의한 사항이다. 중국 측의 계획으로는 단동 신도시 개발지역에 고속도로 진입로와 연결하고 압록강가의 랑토우 물류기지에서 북으로 연결된다. 이 다리는 길이 20.4km, 폭 33m의 왕복 4차로 현수교로 이미 설계가 완료되었다고 한다. 2010년 10월에 착공해 2013년에 완공할 예정으로, 공사예산 약 3억 달러를 중국이 부담할 예정이었다.

그러나 북측은 이렇게 놓여지는 새 다리가 신의주를 거치지 않고 용천으로 빠져 바로 평양으로 연결되는 것에 대해 문제제기를 하였다고 한다. 단동 시가지에서 압록강 상류쪽의 위화도로 다리를 놓

신압록강대교는 2014년 10월 완공됐으나 개통은 연기되었다.

자는 의견을 제시하였다고도 한다. 북으로서는 2002년에 제정한 신
의주특별행정구법을 철회하였다고 하더라도 압록강하구 개발, 대

수풍댐과 수풍발전소.

계도 개발 등으로 자체의 개발계획을 수립하고 있는데 이것과 단동의 개발계획이 어떻게 연결될 지 그 정합성이 아직 확인이 안 된 상태이다.

특히 위화도는 2010년 여름의 수해로 완전히 물에 잠겼던 적이 있기 때문에 섬의 개발을 위해서는 제방건설과 복토작업이 불가피한 실정이다. 따라서, 중국 측에 붙어 있는 황금평이 어떤 역할을 할 지는 아직 불분명한 상태이다. 그래서인지 새 다리는 2014년 10월 말 개통 예정이었으나 미뤄졌다.

단동에 투자하고 있는 한국의 SK그룹은 에너지 물류, 주유소, 고층아파트 등의 부동산개발에 열심이다. SK는 단동을 중심으로 북과 중국 동북지방을 잇는 물류, 에너지 산업에 적극적인 관심을 갖고 있는 것으로 이미 소문이 자자했다고 한다. 단동에서 만난 몇몇 기업인들 중에는 평양에서 의류봉제 임가공을 하는 분들이 있다. 미싱 등은 일본제 쥬키나 브라더제품이 태반인데 1980~90년대 재일동포들의 봉제산업 합영·임가공 사업을 할 때 받은 설비들이다. 그때 수출기술을 배운 북의 기업들은 2000년대에는 한국과 협력해 위탁가공사업을 했고, 지금은 중국업체의 위탁가공으로 중심을 옮기고 있다고 한다. 북일관계 악화, 남북관계 악화로 실제 덕을 보는 것은 중국 기업들이라는 걸 실감한다.

신의주–단동 연계 개발계획

단동에서 차로 2시간 거리에 있는 수풍댐을 가보았다. 수풍댐은 1937년에 단동에서 압록강을 거슬러 80km 상류에 있는 수풍에 일본과 만주국이 공동으로 세운 콘크리트댐이다. 연인원 2,500만 명의 노동자들이 건설에 동원됐고, 당시 세계 최대 규모인 높이 106m, 길이 900m의 댐이었다. 이 댐의 조선 측에 발전소를 두어 7개 발전기로 70만kW의 발전능력을 갖추었다.

당시 만주와 조선에 절반씩 송전하였던 관계로 지금도 중국과 북이 반씩 나누어 공동관리를 하는 곳이다. 전기문제가 해결되면서 신의주와 단동이 공업지역으로 각광받는 계기가 되었는데, 당시 조선총독부는 신의주 지역을 제지·펄프·비철금속·방직 공업 등 공업부

단동—신의주 항공사진

문의 중심지로 육성하는 방안을 세우고 신의주-다사도(지금의 대계도
지역) 개발계획을 추진했다.

　조선총독부는 1940년대에 신의주에서 다사도까지 철도와 전력
을 연결하고 항만건설을 위해 다사도에서 소다사도쪽으로 약 2km,
폭 100m의 제방을 내어 그 앞에 길이 750m의 안벽을 건설하고, 안
벽 전면에 하역용 크레인을 설치하는 공사를 진행하던 도중에 패전
으로 인해 공사는 중지되었다. 일본의 신의주-다사도 개발계획은
만주와 조선을 일체화하여 식민지공업을 일으키려는 구상이었다.

　이 계획의 밑그림은 북 정부 수립 이후에 활용되었다. 김일성 주석
은 대계도 지역에 대방조제를 건설하여 대규모 간척 농지를 확보하
려는 구상을 추진하여 총독부가 건설하다 만 제방을 농지확보용 방

조제로 발전시켰다. 그리하여 1980년대부터 총연장 14km에 달하는 방조제가 건설되기 시작해 2010년 6월에 최종 준공식을 거행했다. 이를 통해 북은 8,800ha의 경지를 확보하게 되었다. 이 방조제 건설을 위해 김정일 국방위원장은 2008년 6월 13일과 2009년 7월 5일 두 번에 걸쳐 현지지도를 하면서 관심을 표시했다. 신의주와 대계도를 연계하여 발전시키려는 구상은 2002년의 신의주특별행정구법과 2004년 '신의주-대계도 경제개발지구' 계획에 그대로 반영되었다.

앞으로 단동-신의주가 연계 개발된다면, 북으로서는 신의주-대계도의 산업기반을 활용하면서 물류와 공업단지 건설, 그리고 관광산업을 중심으로 개발할 가능성이 크다. 문제는 북의 신의주-대계도 개발구상과 단동의 단동-대동항 벨트 개발구상이 압록강 하구지역 개발이라는 큰 틀에는 포함되지만 물류의 연결 면에서는 서로 어긋나는 측면이 있다는 점이다.

단동의 맹렬한 개발상황에 비해 신의주 개발은 아직 구체적이지 못한 상황에서, 황금평과 위화도 개발처럼 부분적인 소문만 나는 것은 중국에만 유리하고 북에는 불리한 상황으로 되어버릴 수도 있다. 압록강 하구지역의 종합적인 북·중 연계개발이 이루어지기 위해서는 북측의 청사진이 하루빨리 제시되어야 할 것이다.

심양, 동북지역 개발계획을 엿보다

단동에서 승용차로 3시간 반을 달려 도착한 심양은 요녕성의 성도이자 동북지역의 정치중심지이다. 동북지역은 일본이 세운 만주국의 유산인 중공업지대로서 국유기업이 집중되어 있고 풍부한 농산물·석탄·철광석·석유·전력이 풍부해서 농업과 중공업을 축으로 중국의 경제를 밑받침해온 지역이었다. 1980년대의 개혁개방정책이 주로 광동성 등 남방의 연해지역을 중심으로 이루어지고 동북지역은 뒤쳐진 탓에 1990년대에는 '동북현상'이라는 말이 생겨날 정도로 경제침체를 겪기도 하였다.

이러한 동북지방이 1990년대 말부터 국가의 재정투입과 외자유치를 통해 경제개발을 적극적으로 추진한 탓에 높은 경제성장율을 기록하고 있다. 현재 동북3성의 경제규모는 중국 전체의 10% 정도를 차지한다고 할 수 있다(2008년 동북3성의 면적은 전국의 8.2%, 인구는 8.3%, GDP는 9.4%를 차지). 주요 공업생산품으로는 원유(6000만 톤으로 전국의 31%), 자동차(140만 대 생산으로 전국의 15%), 철강(5200만 톤 생산으로 전국의 9.5%), 석탄(2억 톤 생산으로 전국의 7%), 전력(2400억 kWh로 전국의 6.8%) 등이 유명하다.

동북지방 경제개발정책의 특징은 정부지도와 기업주체, 시장작용이라는 개혁개방의 기본원칙에 근거하면서도 석유·식량·광물·석탄 등의 자원개발에 의존하는 경향이 강하다는 점이다. 이런 점 때문에 정부나 국유기업의 역할에 더 무게가 실려 있다고 하겠다. 도로·철도·공항 등 인프라 건설과 함께 자원개발을 정부가 사실상 주도하는 형국이기도 하다.

1990년대 말부터 정부의 적극적인 재정투입과 자본유치가 이루어지면서 동북지역 경제는 1997년부터 2009년까지 전국평균을 넘는 고도성장을 계속하였다. 특히 2003년부터 동북진흥 경제개발계획이 추진되고 있다. 2008년의 경제성장률을 보면 요녕성 13.1%, 길림성 16.0%, 흑룡강성 11.8%로 전국 평균인 9.0%를 크게 넘어섰다. 동북지방의 기본 발전축은 하얼빈·장춘·심양-대련을 잇는 대간선축이다.

'5점1선' 정책 실시

중국의 동북지방 개발계획을 들여다보면, 첫째로 동북지역은 중국의 4대 경제축(장강삼각주경제권, 화남경제권, 환발해경제권, 동북경제권)의 하나로, 중국의 동남부와 동북부를 경제개발축으로 연계하여 국내적으로는 동북부가 자원개발을 통해 식료와 공업용 원료를 동남부에 제공하는 것이 포함되어 있다. 동시에 동아시아 각 국과의 경제협력을 강화해 동북지방을 동아시아의 중심·가교 지역으로 세우는 것이다.

이 전략은 요녕성과 길림성의 개발전략에 분명히 나타나고 있다. 요녕성은 이미 대련(항만)-심양(철도)이라는 관문역할로 물류 조건

이 유리하다. 2006년부터 '5점1선' 정책을 실시하고 있는데, 금주·
영구·대련장흥도·대련장하원구·단동 등에 5개의 임해산업기지
와 1443km의 해안도로 1선을 중심으로 연해지구의개발을 촉진하
여, 이를 북경 등 중국 중원지역 및 동남부와 연계하는 것을 계획하
고 있다.

단동은 한반도와의 연계를 목표로 개발이 추진되고 있다. 2009년
8월 말 국가프로젝트로 비준 받은 길림성의 '장길도선도구(長吉圖先
導區)'계획은 장춘시-길림시-두만강지역의 개발을 선도적으로 일으
키자는 것이다. 이는 북과 러시아와 연계하는 개발정책이고 국경지
역개발을 상대국보다 먼저 적극적으로 추동하겠다는 것이다. 2010
년에 실시 또는 계획검토 중인 1억 인민폐 이상의 투자프로젝트가
207건이나 된다고 한다.

장춘-길림-도문-훈춘 간의 고속도로는 2010년에 이미 완공되었
고, 같은 구간의 고속철도는 2012년에 완공되었다. 두만강지역 개발
의 연결선에는 일본과 한국 시장이 있고, 또한 상해·광동 등 동남지
역이 있다. 중국이 북의 나진항을 사용하여 동해를 거쳐 중국 동남
부로 물류수송을 일으키는 것은 동해에서의 중국의 권익이 확대된
다는 것을 의미한다. 흑룡강성 목단강에서 연변, 통화를 거쳐 단동
에 이르는 동변도철도가 완공됨으로써 동북지방의 경제통합도 더
욱 가속화될 것이다.

이러한 개발계획의 역사적 연원은 일본이 만든 만주국의 개발계
획으로 거슬러 올라간다. 장춘(당시 지명은 신경)을 수도로 신설하고

일본에서 항로를 통해 대련·장춘·하얼빈으로 이어지는 간선축의 개발과 함께, 한반도 경의선을 통해 단동·심양(당시 지명은 봉천)·장춘으로 이어지는 육로와 일본에서 나진항을 거쳐 도문·장춘으로 이어지는 육해로를 통해 '만선일여(滿鮮一如)'(만주와 조선은 하나이다)를 추진했던 일본의 기본계획을 중국 동북지방의 시각에서 180도 뒤집어서 실행하고 있다고도 볼 수 있다.

북측 자원개발 투자와 연동

둘째로 동북지방 개발계획은 자원개발에 치우친 한계로 인해 조선(북) 지역에 대한 자원개발 투자와 연동되어 있다는 점이다. 특히 길림성은 철광석의 부족, 과도한 삼림벌채와 석탄개발로 이미 자원의존 경제가 정체되고 환경문제도 발생하고 있다. 때문에 북 지역이나 러시아에서 철광과 석탄을 수입하는 대신 자동차 산업과 운송 물류업 등 성장산업을 육성하는 정책을 실시하고 있다. 요녕성과 흑룡강성도 비슷한 상황이다.

여기에서 북과 중국 사이의 경제협력이 규정되는 모습이 나타나고 있다. 그 축의 하나는 중국 동북지역의 대외물류 확대로 압록강 유역의 단동-신의주와 두만강유역의 훈춘-나진 간 물류루트이다. 둘째는 자원개발이며, 셋째는 북이 필요로 하는 식량·에너지 등 전략물자 공급이다. 넷째로 중국인의 조선(북) 관광이 주요한 협력사

도문 중조호시무역시장.

업으로 되고 있다.

　이와 같은 북·중 간의 경제협력은 중국과 북의 이해가 일치하는 선에서 공동이익을 추구하는 것이며, 이는 중국의 동북지역 개발전략과 북의 성장전략이 상호 밀접하게 연계·확대될 수 있음을 보여주고 있다. 그 구체적인 협의가 '일구양도(一區兩島)' 공동개발인데, 중국과 조선(북) 간에 1구(나선특구)와 2도(위화도, 황금평)를 합작·개발하는 협의가 이미 진행됐다.

　다른 한편으로 단동지역에서 본 바와 같이 북측의 성장전략이 완전히 중국 측의 의도와 일치되지 않는 경우도 발생하고 있다. 그간 두만강개발에 대한 중국과 북 사이에 의견 불일치도 있어온 것으로 보아, 북·중 간의 경제협력은 본궤도에 올랐다고는 하나 아직 힘차

게 달리지는 못하고 있는 상황이라고 할 수 있다.

연변, 두만강개발계획의 전진기지

심양공항에서 비행기로 1시간 걸려 연길공항에 도착했다. 연길
은 너무나 자주 와서 친척집에 온 것 같은 느낌이다. 연길시·도문
시·훈춘시·용정시를 두루 돌아보며 북·중 간의 세관, 공업단지 등
을 둘러보았다. 도문시에는 세관 옆에 중·조 변경주민자유시장(변경
호시무역)이 있다. 조선(북) 남양에서 주민들이 수산물 등을 갖고 와
서 시장에서 팔고, 중국물품을 살 수 있는 시장으로 2010년 10월부
터 개장되었다. 당시에는 북측이 주민들의 출경을 허락하지 않아서
인지 장이 서지 못하고 있다는 말을 들었다. 북에서 갖고 나올 물건
이 별로 없어서라는 설명도 있었다. 경제가 활성화되려면 상업과 무
역이 활발해야 한다. 모처럼 만들어진 북·중 간의 변경주민자유시
장이 북 주민들에게 합법적으로 물품을 교역할 수 있는 중요한 통로
가 되었으면 하는 바람이다.

훈춘에는 중국 측 권하세관과 북측 원정세관을 잇는 다리가 있
다. 1937년에 개통된 다리여서 노후화 된 탓에 몇 번 수리를 했다가
2010년에 중국 측이 총 360만 인민폐를 투자하여 대대적인 수리를
했다. 북·중 간에 새 다리를 건설하는 계획이 추진중인데, 현재의 다
리 상류쪽 50m 지점에 길이 577m, 폭 25m의 4차선 교량을 총 6,255

원정 새다리 조감도.

만 인민폐를 투자하여 건설할 예정이다.

　원정리에서 나진까지는 54km의 비포장도로가 있다. 이 도로 정비를 위해 중국의 상무부, 길림성 정부·연변주 정부·훈춘시 정부가 공동으로 3,000만 달러를 투자해 1급도로로 정비하기로 결정되었다. 기존 도로 일부도 사용하고 일부는 새로 건설하는 것으로, 2011년 3월에 착공하여 2년여 만에 완공됐다. 북 정부는 그 대가로 나진시의 1km² 부지를 중국 측에 70년 간 제공하여 중국 공업단지를 건설할 예정이라고 한다. 나진항의 1호부두는 대련의 창력(創力) 그룹이 2008년 7월 나선강성무역회사를 통해 10년간의 사용권을 얻어 정비하고 있다. 2011년에 정비가 끝나면 연간 150만 톤의 처리량으로 중국 동북지방의 석탄과 공업원자재를 중국 남방지역으로 수출할 수 있게 된다. 3호부두는 러시아가 50년 간 사용권을 얻어 러시아산 석탄을 수출하는 데 사용된다.

용정의 삼합세관은 회령으로 이어져 청진으로 나가는 출입구다. 회령-청진까지의 도로가 정비되면 청진항을 사용하여 중국의 화물을 수출하기 위한 협의가 북중 간에 진행중이라고 한다. 중국-조선 경제협력의 한 축으로 대표적인 자원개발 사례는 무산철광산이다. 현재 중국 내 6개 기업이 참여하고 있고, 광구를 나누어 채굴하고 있다. 총수입량은 연간 약 120만 톤 정도라고 한다.

라진항 부두 추가 건설 계획

연변이 주요하게 관심을 두고 있는 북 지역은 역시 나선특별시다. 2010년 1월 5일 특별시로 전면 승격된 나선시는 중앙정부의 직접지도와 시인민위원회의 권한 강화를 통해 외국인 투자사업을 적극적으로 추진할 계획인 것으로 전해진다. 이를 위해 중국과 북 두 정부가 외국인투자관리위원회를 설립해 외국인 투자를 관리하는 방안도 추진되고 있다고 한다. 20만kW 화력발전소 신설, 나진항 4·5·6호 부두 건설, 나진시장 확대 등도 추가적으로 진행될 것이라고 한다. 여기에 드는 건설자금의 확보를 위해 중국과 북이 경제협력협정을 체결할 예정이라고 한다.

연변에서 느낀 중국 측의 움직임은 맹렬했다. 장길도선도구계획이 두만강지역 개발에 대한 중국 정부의 관심을 분명히 나타내준 것이어서 연변의 움직임 또한 그만큼 더 무게가 실려 있다. 장길도계획에 따르면 연변지역 개발구상에는 훈춘통상구 국제상품무역센터 건설, 훈춘–자루비노–속초–니이가타 항로 진행, 연길공항 국제물류 기능 강화, 훈춘변경경제합작구의 무역·수출입가공·물류 등의 다기능경제구 형성, 다국간 경제합작구 건설, 첨단전자·자동차부속품 수출가공, 방직·복장·에너지·광산업 개발가공, 목제품·건축자재·기계설비 제조 등 산업의 집중육성, 다국 간 관광협력 등이 포함되어 있다.

한국기업도 적극적인 투자를 추진하고 있다. 예를 들어 포스코는 2010년 9월 훈춘시 정부와 훈춘변경경제합작구내 한국공업단지 인프라건설 투자 관련 합의서를 체결하였고, 훈춘과 포항시 사이에는 해운항로 건설이 추진 중이다.

이에 비해 북측의 움직임은 매우 조심스럽고 비공개적이다. 구체적으로 무엇이 어떻게 진행되고 있는지 불투명한 측면이 많다. 중국 측의 소문이나 선전이 때로는 과장되고 왜곡되어 나타나더라도 이를 분별해낼 수 있는 능력이 제3국 입장에서는 매우 취약한 상태이다. 북측에서 적어도 나선시라도 문을 활짝 열어 경제협력에 관심 있는 사람은 누구라도 들어와 협의하고 살펴볼 수 있게 해주어야 할 것이다. 앞으로 그렇게 되기를 바란다.

훈춘시 권하촌 안중근 의병장군이 거처했다는 초가집 앞에 선 필자.

안중근의 '동양평화론'을 떠올리다

훈춘의 권하세관이 있는 경신진 권하촌에 안중근 대한의군참모중
장이 1908년에 3개월 간 머물렀다는 집이 있었다. 역사적 고증에 여
러 의문이 있다고는 하지만 설사 역사적 사실이 아니더라도 100여
년 동안 한민족의 마음에 살아 있는 안중근 의병장군의 채취를 느끼
고 싶어서 찾아갔다. '동양평화론'으로 당시로는 보기 드문 국제적 감
각을 가지고 한·중·일 3국의 공동은행 창설과 공동화폐 발행, 여순
에 3국의 동양평화회의 설치, 3국 공동군대 창설, 상공업 발전을 제
창하신 혜안은 지금도 새롭다.

당시 '만주'였던 동북지방은 러시아와 일본의 세력각축장이었다.

만주를 나눠 가지려고 하얼빈에 온 이토 히로부미를 사살한 것은 나라의 원수를 갚는 일이었지만, 대한제국이 일본·청나라와 함께 동양의 평화를 위해 깨어나야 한다는 것도 잘 아신 분이었다. 안중근 장군은 요동반도의 대련 옆에 있는 여순에서 재판 후 사형 당하고 여순감옥 뒤에 묻혔다. 100년 전과 너무도 달라진 중국과 일본, 그리고 한반도 상황이다. 그럼에도 동양의 평화는 아직 요원하고 나라 간의 협력과 함께 긴장도 드높다.

대련에서 출발하여 훈춘까지 온 동북지방 여행은 100여 년 전 안중근 장군이 그리던 미래의 동양평화의 모습을 떠올리기 위한 여정이었는 지도 모른다.

북·중의
동상이몽 속 신의주 개발 조선(북)의
'신의주 − 대계도 경제개발지구'
구상

한반도와 중국을 잇는 경제동맥의 국경 거점인 신의주의 지정학적인 의미는 과거 식민지시
대와 현재는 물론 미래에도 그 중요성이 덮어지지 않을 것이다. 신의주 특구에 대한 중국과
북의 정책, 과거와 현재 그리고 앞으로의 방향에 대해 살펴봤다.

최근 실패했다는 평가를 받았던 '신의주특별행정구'가 다시 주목받고 있다. 중국이 압록강에 새로운 다리를 건설하고 경의선 북측 구간의 개선작업을 지원하며, 신의주-평양 고속도로 건설을 지원해 신의주 개발에 참여한다는 이야기다.

신의주 개발이 공론화 된 것은 2002년 9월이었다. 당시 북측의 대외경제협력추진위원회 김용술 위원장은 일본 도쿄를 방문해 북의 경제정책에 대해 설명회를 하는 자리에서 "조만간 깜짝 놀랄 정도의 개방정책이 발표될 것"이라고 귀띔했다. 아니나 다를 까 며칠 후인 9월 12일 북 최고인민회의 상임위 정령을 통해 '신의주특별행정구'가 지정되고 〈신의주특별행정구 기본법〉이 채택됐다. 이어 23일에는 김용술 위원장과 네덜란드 국적의 어우야(歐亞) 그룹(유럽-아시아국제무역회사) 양빈 총재 사이에 '신의주특구 개발과 관리운영에 관한 기본합의서' 조인이 이루어졌다. 다음날 양빈 총재는 최고인민회의 상임위 정령을 통해 신의주특별행정구 장관으로 임명됐다. 이후 10월 4일 중국 심양(선양)에서 펼쳐진 양빈 총재의 즉각적인 연행 및 구속, 북측의 2004년 신의주특별행정구 정책 폐지에 이르는 일련의 사태는 북측의 경제특구 정책과 중국의 대응, 그리고 사업가 양빈의 사기행각 등이 얽힌 한 편의 역사 드라마라고 할 수 있다.

북의 신의주 특구 구상

북 당국이 신의주를 주요한 도시개발계획 대상으로 고려하기 시작한 것은 1988년 6월 당시 김정일 비서가 현지지도를 통해 "신의주시를 국경 관문도시로 개발하라"고 지시한 데서 연유한다. 이에 따라 남신의주 지역에 대한 신도시 개발 공사가 추진됐지만 1990년대 '고난의 행군'으로 진척을 보지 못했다. 2001년 1월 김정일 국방위원장은 중국 상하이 시찰 이후 귀국길에 신의주에 들러 남신의주 개발을 다시 지시했다.

하지만 지대가 낮아 항상 홍수 피해를 당했던 압록강변의 북신의주 공업지역은 1995년의 대홍수 때에도 심각한 타격을 입었다. 북은 초기에 구릉지대인 남신의주 지역을 살림집, 공공시설, 신규 공장지역으로 재개발하는 구상을 가지고 있었다. 북신의주에 있던 신의주 화장품공장을 남신의주에 이전하는 공사도 1999년 10월에 시작돼 2001년 2월에 완료했다.

한편, 중국 동북지역의 요녕성은 2001년부터 5년간의 제10차 5개년 계획을 준비하면서 '대외개방'을 주요 전략의 하나로 삼고, 동북지방의 창구로서 타 지역을 잇는 고속도로, 철도의 확충, 대외교류의 촉진을 위한 항만 정비 등을 중심과제로 세웠다. 특히 신의주와 접한 단동시를 중국 전체와 한반도가 연결되는 주요한 국경 세관, 교류의 현관이 되도록 하는 것을 구체적인 방안으로 설정하였다.

1965년까지 이름이 안동(安東)이었던 단동시는 섬유, 화학, 관광, 음식산업이 발달한 인구 240만 명(시가지 인구 70만 명)의 광역시로 산하에 단동시구, 동항시, 풍성시, 관전만족자치주 등을 포괄한다.

요녕성 측이 입안한 단동-신의주 연계 개발계획은 2000년에 확정됐다. 주요 내용은 압록강 하구에 약 6억 위안을 투자해 철도교와 고속도로용 도로교(4차로)를 신설하는 것으로, 이는 기존의 압록강 철교(조중우의교)에서 10여km 하류의 유초도에 예정됐다. 요녕성 당국은 한국-조선-중국-러시아의 철도수송 활성화를 전제로 단동시를 중국 동북 지역 및 동북아시아의 물류 및 개발 중심지로 성장시킨다는 중장기 계획을 세웠다고 할 수 있다.

이러한 계획의 실현을 위해 2000년에 요녕성 측은 북측에 압록강교 건설을 제안했다. 2001년 1월 김정일 국방위원장이 북경에서 정상회담을 하였을 때 신의주와 단동을 공동으로 개발하는 경제특구 구상이 오갔다는 이야기도 있지만, 중국의 주된 관심은 어디까지나 단동을 중심으로 한 공동개발 구상이었다.

중국 랴오닝성, 2000년 신의주 연계 개발 구상

북은 2001년 김정일 국방위원장의 신의주 방문 이후 신의주 개발을 양빈(김 위원장의 상해 시찰을 수행)에게 의뢰했으며, 2002년 2월에 김 위원장의 신의주 현지지도에 양빈을 수행하면서 특별행정구 개발구상이 구체화됐다. 그 결과 북측이 2001년부터 준비해 2002년 9월 발표한 〈신의주특별행정구 기본법〉은 중국과의 협력을 거의 배제한 가운데, 북이 유럽계 자본을 끌어들여 신의주를 홍콩과 같은 독자적인 경제특구로 건설한다는 내용이었다.

총면적 132km²의 신의주특별행정구에는 남신의주 지역을 제외한 북신의주의 31개 동, 위화도, 유초도, 의주지역 일부, 철산군 및 염주군 일부 해안 지역이 포함됐다. 또 기본법은 홍콩과 같이 특구가 입법권, 행정권 및 사법권을 50년간 유지하고, 조선(북) 정부는 외교 및 국방 이외에는 특구 내정에 관여하지 않는다는 대담한 내용을 담고 있었다. 또한 기존의 주민을 모두 남신의주 지역으로 이주시킨다는 내용과 함께, 특구의 개발 분야는 국제적 금융·무역·상업·공업, 첨단과학·오락·관광 분야로 나뉘어 있었다.

발표된 청사진에서는 특구중심지(행정·금융·상업), 공업단지, 공항 및 물류지역, 주거지역, 국제회의장 등 7개 지역으로 나누어 개발하는 구상이 담겨있다. 공업단지에는 정보기술단지와 경공업단지를 건설하고 카지노 등 유희시설도 개발하는 것으로 되어 있었다.

북측의 신의주개발 청사진이 중국과 사전조율 없이 일방적으로 계획되고 발표되었다는 것은 압록강에 신설할 신의주-단동 연결도로교의 위치를 보면 알 수 있다. 그 위치는 중국측의 제안과 달리 압록강 철교에서 2.5km 아래로, 이 지점에 도로교를 건설할 경우 중국 단동시의 시가지 교통계획과 상충하게 된다.

또한 카지노 등 유희시설의 건설은 중국 측으로서는 대단히 불만을 가질 수밖에 없는 사업이었다. 신의주 행정장관이 된 양빈 어우야그룹 총재가 금융·도박·부동산개발 등으로 사업이익을 챙기려는 야심가였던 것이 아닌가 하는 우려는 그의 구속으로 본심을 확인할 도리가 없게 되었지만, 중국에 의존하지 않고 신의주 개발을 독자적으로 추진하려던 북 당국의 의도는 결국 중국의 반발로 좌절됐다.

이렇게 되자 2004년 북측은 신의주특별행정구라는 명칭을 없애고 대신 '신의주-대계도 경제개발지구'라고 명칭으로 바꾸어 개발을 지속하는 정책으로 전환하였다.

역사 속의 '신의주-다사도 개발 계획'

신의주 특구가 가진 의미가 어느 정도이기에 중국이 북의 정책을 결과적으로 무력화시키는 행동을 했을까? 신의주 개발의 역사를 과거 식민지 시대까지 거슬러 올라가 들여다보면 이해가 빠르다.

1905년 러일전쟁에서 승리한 일본은 남만주에서 권익을 확보하면서 대한제국을 식민지화하였다. 1910년 일본의 식민지로 변한 한

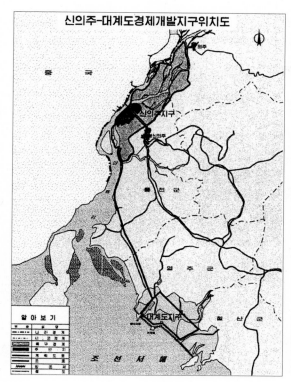

신의주-대계도경제개발지구위치도

신의주 특구 위치도.
2004년 북측이 수립한
'신의주-대계도경제개발
지구' 계획 청사진.

반도에서는 35년간 일본의 식민지 경영 정책에 따른 토지정책, 산업
정책, 인프라 개발정책, 도시계획 정책 등이 추진되었다. 인프라 개
발은 식민지 건설의 산업기반을 구축하기 위한 전제였다. 일본은 특
히 철도, 전력, 항만의 정비와 개발에 주력했다. 1930년대 후반부터
신의주 지역의 개발은 수풍댐 건설을 통한 전력의 확보와 공업단지
조성 및 항만개발을 통한 만주-조선 서부지역 통합개발의 일환으로
추진됐다. 한편, 조선 동북부 지역에는 나진항을 남만주철도주식회

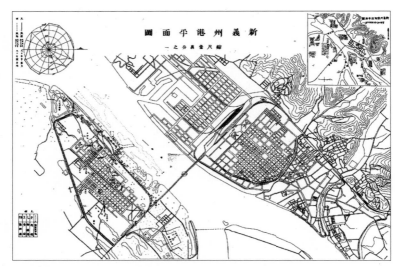

조선총독부가 작성한 신의주 – 안동(단동) 지역 평면도(1929년)

사(만철)가 직접 개발하고 도문-나진의 철도를 직접 경영하려는 계획이었다. 만주-북조선 통합개발을 통해 일본의 대륙침략경영을 유지하려는 것이 일본의 궁극적인 목적이었다.

신의주는 1905년 러일전쟁 시기 경의선 개통으로 새로 조성되어 조선과 중국을 잇는 관문이 되었다(조선시대까지는 의주가 역할). 압록강 상류의 풍부한 목재를 이용한 제지 · 펄프 공업이 이 지역의 중심 산업으로 육성되었으며, 신의주항이 새로이 건설되어 1910년 8월 일제 강점과 함께 개항장으로 지정됐다. 그러나 1911년에 압록강 철교 공사가 완공되어 화물수송이 철도 중심으로 옮겨져 크게 번성하지는 못했다.

신의주가 공업지역으로 본격 개발되기 시작한 것은 1937년 수풍수력발전소가 건설되고 나서부터다. 신의주에서 압록강을 거슬러 올라 80km 상류에 있는 수풍에 일본이 설립한 조선압록강수력발전주식회사와 만주국이 설립한 만주압록강수력발전주식회사의 공동 출자로 중력식 콘크리트댐 발전소가 착공되어, 연인원 2,500만 명의 노동자를 동원한 당시 세계 최대 규모인 높이 106m, 길이 900m의 댐이 완공됐다.

발전시설은 7개소로 합계 70만kW의 발전 능력을 보유하도록 계획되었다. 출력 10만kW의 제1호 발전기가 1941년 8월에 발전을 시작하였고, 1945년까지 제5호 발전기를 제외한 6개 발전기가 완성되어, 총 60만kW의 발전 능력을 가지게 되었다. 일본과 만주국의 공동 출자였기 때문에 송전도 만주와 조선이 절반씩 나누었다. 값싼 전력을 확보하게 된 총독부는 신의주 지역을 제지·펄프·비철금속·방직 공업 등 공업 부문의 중심지로 육성하는 방안을 세우고 공업 인프라 건설을 위해 항만 및 철도 건설을 확대했다.

1943년에는 신의주-안동(단동) 사이에 제2압록강 철교를 완공하였다(6·25 전쟁시기 미군 폭격으로 절단). 신의주항에 대해서는 1938년 12월에 안동-신의주 양항 일체화가 중·조 양측 사이에 조인되어 공동개발이 진행되었으나 대부분 중국 안동쪽의 개발에 그쳤다. 그래서 항만 능력이 약한 신의주항을 대체하할 계획으로 수풍수력 및 공업단지 조성계획과 동시에 추진된 것이 바로 신의주-다사도(지금의 대계도 지역) 개발이었다.

다사도는 평안북도 염주군에 딸린 섬이다. 1936년부터 신의주 공업지대의 항만으로 본격 개발되기 시작하여 400m의 안벽공사, 300m의 방파제, 1,010m의 하역장 건설이 진행되고 1939년 5월에 개항장으로 지정됐다. 신의주와 다사도를 잇는 39.5km의 철도가 1939년 7월에 개통됐고, 11월에는 다사도가 신의주 및 만주와 연계 개발을 위한 항만공업도시로 총독부 '시가지 계획령' 적용지로 설정 됐다. 1941년에는 수풍댐으로부터 당시 동양 최고 전압인 220kv 송 전선이 다사도항까지 연결됐다.

이러한 개발사업은 다사도에서 소다사도쪽으로 약 2km, 폭 100m 의 제방을 내어 그 앞에 길이 750m의 안벽을 건설하고, 안벽 전면 에 하역용 크레인을 설치하는 공사를 진행하는 도중에 일본의 패전 을 맞아 중단됐다.

일본의 '신의주-다사도 개발계획'은 만주와의 연계, 풍부한 전력 과 저렴한 공업용지 및 노동력을 제공함으로써 식민지적 산업을 육 성하려는 개발로 규정할 수 있다. 여기서 당시 일본이 신의주-다 사도 개발과 나진항 개발을 위해 내걸었던 슬로건이 '만선일여(滿 鮮一如)', 즉 "만주와 조선은 하나다"였다는 점에 유념해야 한다. 이 러한 역사적 사실로부터 알 수 있는 것은 북이 내놓은 신의주특별 행정구(현재의 신의주-대계도 경제개발지구)의 지역개발 구상이 식민지 시대의 구상과 하드 인프라 측면에서는 크게 다르지 않다는 점이다.

그렇다면 정책 측면에서는 어떠한 변화가 있는가? 이를 위해서는 과거 일본 중심의 개발정책, 현재의 중국 중심의 개발, 그리고 북측

중심의 개발정책이 어떠한 차이가 있는가 하는 점을 살펴보아야 할 것이다. 일본 중심의 개발정책은 조선을 대륙침략의 병참기지(화학산업 등)로, 그리고 만주생산품(곡물·석탄·철강 등)의 물류기지로, 저생산비용의 산업입지(제지·비철금속 등)로 삼고 최종 수익의 목적지는 일본인 점이 분명한 정책이었다. 그러면 중국과 북의 개발정책은 무엇이며 그 차이는 무엇인가?

중국, '동북진흥'정책에 따라 신의주 개발 구상

중국의 동북지역 개발전략은 2003년 10월에 중국공산당이 결정한 '동북진흥' 정책에 그 핵심이 들어있다. 이 전략은 첫째로 중국 동북지역의 정체된 중공업 등 국유기업을 민간자본 및 외자 유치를 통해 개혁하는 것, 둘째로 농촌과 도시의 실업문제 등 사회안전 보장 문제를 해결하는 것, 셋째로 동북지역의 대외개방을 촉진하여 동북아시아 각 국과의 경제협력을 강화하는 것이다. 이를 통해 최종적으로는 중국 동북지방이 사회적으로 안정되고 경제적으로 발전하는 중국의 일부로 내적 통합을 구현하고 '중화민족'의 번영을 확고히 하는 것이다.

1990년대까지 중국의 개발계획이 '인진래(引進來, 외자를 끌어들임)'가 중심주제였다면, 21세기에는 '주출거(走出去, 무역 및 해외투자로 밖으로 나감)'가 중심주제로 되어 있다. 동북지방에 대해서는 중앙정부

재정에서 약 74억 달러를 투입하여 노후기업 현대화 및 사회개발 정책을 추진하고, 정부 및 남방기업의 동북지역에 대한 투자를 우선으로 하면서 미약한 부문에 대한 외자 유치를 추진하고 있다. 즉, 국가경제의 국내적 통합성을 강화하면서 국제 경제협력을 활용한 지방개발이라는 점을 특징으로 들 수 있다. 특히 국제경제협력의 측면에서는 경제개발의 중심축을 하얼빈-장춘-대련의 경제동맥지대와 러시아·조선의 국경지대를 중심으로 동북아시아 경제권을 형성하는 것을 중심적 과제로 삼고 있다.

이와 관련 요녕성, 특히 단동시는 2006년부터 시작하는 11차 5개년 계획에서 조선과 관련해 다음과 같은 과제를 2005년에 확정했다.

- 도로, 교량, 철도 건설
  - 신의주와 단동 간의 새로운 압록강 대교 (2000년 중국 측이 입안했던 최초의 안)
  - 단동-통화(通化) 간의 고속도로 및 철도 (조-중 국경 라인의 동변도 철도)
  - 단동-대련 간의 철도
  - 경의선 구간 중 북측 구간의 개선을 위한 지원
- 항만
  - 대동항(단동시 산하 둥항시의 항만) 확장
  - 조선과의 해상항로 재개설 (단동-남포)
- 대외개방구 - 수출가공구 설치

앞의 내용을 살펴보면 중·조 간의 교통 인프라를 확충하고 단동을 중심으로 물류, 유통, 가공수출 등을 추진하는 것으로, 신의주는 단동시 발전의 외연에 존재한다. 이러한 과제를 실현하기 위해 중국과 조선 간의 협의가 2005년 이후 구체화되었으며, 그 결과가 중국 측에서 흘러나오는 신의주 개발에 대한 협력 뉴스이다. 중국은 단동을 중심으로 한 개발계획의 추진에 변함이 없고, 신의주 개발은 단동 개발의 연장선에서 추진되는 전략인 셈이다. 즉, '동북진흥' 계획의 연장선상에 신의주 개발 협력이 있는 것이다.

특히 중국 중앙정부와 북 중앙정부 간의 협력 강화가 눈에 띄게 2003년 이후 증가했다. 2002년 말 신의주특구를 좌절시킨 중국 중앙정부는 2003년 10월 우방궈 전인대 상무위원장의 방북 때 유리공장 무상제공을 제시하여, 2004년 7월 착공 후 2005년 10월까지 약 3200만 달러를 투입해 1일 300톤의 생산능력을 가진 대안친선 유리공장을 완공했다. 그리고 2006년 1월 김정일 위원장의 중국(북경, 우한, 광주 등)방문, 뒤이은 장성택 당 근로단체 및 수도건설부 제1부부장을 단장으로 한 조선 대표단의 후속 중국 시찰 등은 신의주 특구 좌절 이후 북중관계가 완전히 회복되고 중국과 조선 사이에 전면적인 경제협력의 체계가 성립되고 있는 것이 아닌가 하는 추정을 가능케 한다.

1930년대 후반 일본 제국주의가 내걸었던 '만선일여'가 21세기에 와서는 중국의 '동북진흥'정책과 중앙정부 간의 경제협력 가시화에 따라 다시 가칭 '중조일여(中朝一如)'로 되살아나는 형국이다. 실제로

도 중국이 이를 주도하고 있는 것으로 보인다. 신의주특별행정구 정책의 실패 이후 중국의 제안을 북이 받아들이는 형태로 신의주 개발협력과 기타 자원개발, 인프라 건설지원 등의 경제협력이 추진되고 있는 것이다.

북, 시장경제와 교류협력 위해 경제특구 구상

북이 대외투자를 유치하는 법적 장치를 만든 것은 1984년 9월 〈합영법〉 제정부터다. 이는 중국의 개혁 개방정책의 영향을 받은 것은 틀림없지만 실행방법은 중국과 달랐다. 즉, 북은 합영법이 "개방경제체제로 진행하는 것"을 위한 것이 아니라, "자립적 민족경제를 건설하기 위해 외국과 경제 기술교류와 협력을 할 목적에서 제정되었다"(조선중앙통신 1984년 10월 15일)라고 설명했다.

1980년대에 북은 "중국에서의 경제특구 설정은 중국의 실정에 맞는 것이다. 우리나라는 경제특구 설정을 고려하고 있지 않다. 합영 당사자의 합의에 따라 임의의 장소에서 합영할 수 있다"(조선중앙통신 같은 날자)라며 경제특구 정책을 부정했다.

북은 1990년대에 들어서야 경제특구 정책을 인정했다. 1991년 12월에 '나진·선봉 자유경제무역지대'(현 나선경제무역지대)를 경제특구로 설치했다. 당시 나선지대는 "특혜적인 무역 및 중계수송과 수출가공, 금융, 봉사지역"(자유경제무역지대법 제2조)으로 규정됐다. 1997

년 6월에는 나진선봉특구에서 시장경제요소를 부분적으로 도입하는 조치가 취해졌다. 시장가격시스템 도입, 독립채산제 전면 실시, 환율 일원화, 자영업 인정과 시장 개설과 같은 조치가 바로 그것이었다. 이는 2002년 7월 전국적으로 시행된 사회주의경제관리개선조치(7·1조치)와 같은 내용이다.

북 경제특구의 의미

북에서 경제특구가 가지는 의미는 좀 독특하다. 경제관리의 기본원칙은 '사회주의 자립적 민족경제'를 발전시키는 것이고, 대외경제관계에서는 시장경제와 교류·협력하여 실리를 추구하는 것으로 이를 위한 특수지역이 경제특구(경제무역지대, 경제개발지구 등)다. 북은 특구의 성공에 따라 개방적 경제관리체계가 비특구 지역으로 확산되는 것이 아니라 특구와 비특구 지역을 처음부터 제도적으로 완전 분리해 상호 영향을 받지 않도록 했다. 그렇기 때문에 특구와 특구가 점에서 선으로 연결되고 나아가 면으로 확대되는 양상이 아니라, 특구가 한 점으로만 존재하고 거기서 얻어진 '실리'라는 결과물만이 비특구 지역으로 들어간다.

또한 중국에서는 특구가 경제의 선진지역이고 비특구가 주변지역이 되어 특구 중심의 경제발전을 정책적으로 추구한 반면에, 북에서는 특구가 조선 경제의 중심이 아니라 지속적으로 주변에 존재하고 사회주의적 경제중심지에 '실리'를 제공하는 구조를 가지도록 의도되었다. 다만, '인진래(외자를 끌어들임)'를 추진하기 위한 특혜적 지역이라는 점에서는 중국과 북이 펴는 특구정책의 기본구도가 같다. 그러나 사실상 북측의 특구 정책이 남측과 관계된 개성 및 금강산을 제외하고는 대외관계에서 성공한 적이 없기 때문에(신의주, 나선) 정책의 의도를 넘어서 경제특구의 실제 역할을 평가하기는 어렵다.

북은 경제특구를 설치하면서도 국가재정의 부족이라는 현실 때문에 외자 도입을 통한 인프라 정비와 공업단지 조성을 추진했다. 그러나 경제개발전략의 목표는 경제자립성을 강화하는 것이었기에 특구정책에서도 '자주성에 기초한 국제협력'이라는 의도가 관철됐다. 즉, 국제협력에서 다국 간 협력 또는 포괄적 틀에 의한 협력보다, 조선이 중심이 되는 양자 간의 개별적, 선택적 협력을 우선하는 정책을 추진했다.

나진-선봉의 개발정책도 두만강 개발이라는 다자 간 틀을 인정하면서도 개발 방식에서 다자 간 공동개발·공동관리 방식보다 조선 중심의 양자간 협력에 따른 개발방식을 중시했다. 신의주 특구 역시 조선 중심의 개별적, 선택적 협력의 산물로 나타났던 것이다.

그러나 결과는 북의 정부가 원하지 않은 방식으로 귀결되었다. 그 이유는 나진-선봉의 경우에 첫째, 북·미, 북·일 간의 관계가 정상화되지 않는 상태에서 다국 간 협력방식의 곤란, 둘째, 1997~98년 동아시아 경제 위기에 따른 민간기업의 투자 위축, 셋째, 1998년 이후 북 정부의 통제 강화, 남측 기업의 나진 입국 금지 등을 들 수 있

	조선		중국	
	신의주시	나선시	홍콩	심천
위치	평북 중국접경 압록강	함북러시아 및 중국 접경	중국대륙 남동부	홍콩인근 광동성
인구	34만명	30만명	678만명	700만명
면적	132km²	746km²	1,091km²	392km²
지정일	2002년9월	1991년12월	1997년7월	1980년8월
법적근거	최고인민회의상임위원회 정령(신의주특별행정구기본법)	정무원 결정 84호	홍콩특별행정구 기본법	광동성경제특별구역 조례
정치제도	-입법,사법,행정권 보장 -토지임대기간 50년 보장 -자체적인 여권 발급 -중앙정부 임명장관이 자율적으로 통치	-중앙정부의 직접 통제	-일국양제 -입법,사법,행정권 보장 -임기5년의 행정장관이 독자적으로 영도 -정치적 독자권	-중국정부, 광동성정부 소속 -정치적 독자권 없음
경제적 위치	-서해에 인접, 중국 교역에 유리 -금융, 유통, 과학기술, 서비스산업	-동해에 인접, 러시아, 중국 길림성 교역에 유리 -화학, 철강	-무역, 가공산업, 금융중심지 -의류, 전기기기, 통신, 음향기기 -컨테이너교역 세계 1위 (2001년)	-외자 및 기술유치를 통한 수출산업단지 -홍콩, 마카오 인접 -컨테이너교역 세계 8위 -전자, 방직, 경공업, 기계공업

〈도표 5〉 북과 중국의 경제특구 비교

다. 신의주의 경우에는 미숙한 사전준비, 중국의 반발 등을 꼽을 수 있다.

북이 경제특구 정책에서 추진한 '자주성에 기초한 국제협력' 정책은 중국의 '동북진흥' 정책과 비교해 볼 때, 국제협력을 보조적인 역할로 보는 측면에서는 상통한다. 다만 중국은 자체의 자금 능력으로 인프라 정비를 진행하고 산업 부문에서 외자를 유치하는 데 비해, 북은 자체의 자금 부족으로 인프라를 포함해 외자에 의한 특구 개발을 추진한 점이 다르다. 그렇기 때문에 중국의 동북진흥 정책과 북의 경제특구 정책이 공존하면서도 상호 대립됐을 때 북의 취약함이 나타날 수 있다. 특구개발을 위한 물적·제도적·인적 자원이 부족한 조선이 중국과의 관계에서 대립이 발생할 때, '자주적 개발'을 뒷받침하는 기반이 약해 불리한 입장이 된다. 신의주특별행정구의 결과가 이를 잘 말해준다.

신의주 개발이 중국의 협력을 전제로 하는 것이고 중국의 지원이 필수적인 것이라면, 북 당국은 중국이 추구하는 '주출거'를 활용하는 '인진래정책을 먼저 마련했어야 했다. 중국의 정책에 대한 대응이 아니라 중국의 성장이라는 실리를 유인하는 정책을 적극적으로 추진하는 것이 바람직했다는 것이다. 그러나 실제에서는 중국이 제기한 정책에 대립하는 방안을 만들다가 다시 중국의 정책을 수용하는 결과를 빚고 말았다. 따라서 북은 중국과의 관계가 지배-의존의 구조가 아니라 대등한 협력이라는 것을 정치뿐만 아니라 경제면에서도 확립하기 위한 깊은 고민이 필요한 시점이다.

중국식과 다른 우리 식의 개발 관점 세워야 할 때

중국이 경제특구 정책을 추진하면서 성공할 수 있었던 조건은 여러 가지가 있다. 중국은 우선 땅이 넓어 지방 사이에 시간을 두고 천천히 비교할 수 있는 여지가 있었으며, 한 나라에 일방적으로 의존하는 경제특구가 아니었다. 북은 천천히 비교할 수 있는 여지가 없고, 접경지역이 상대 나라에 접속되어 있다는 점에서 중국과 다르다. 여기에 물적·제도적·인적 기반의 부족함이 더해져 자주적으로 특구 개발을 추진하고 싶어도 상대국의 영향을 강력히 받을 수밖에 없는 구조다.

그렇다면 역설적으로 ①땅이 좁아서 생길 수 있는 장점, ②접경국과 협력하면서 다국 간 협력을 우선시할 수 있는 구조, ③물적·제도적·인적 기반의 구축 방안을 적극적으로 연구하는 것이 바람직하다. 위의 항목 중에서 ①을 위해서는 북의 경제중심지가 직접 움직여야 하고, ②를 위해서는 국제경제기구 또는 다국 간 공동개발 틀을 형성해야 하며, ③을 위해서는 현실적으로 도움을 줄 수 있는 중국과 남측의 지원을 적극적으로 유인해야 한다.

이를 종합적으로 고려하면, 북은 원거리 주변지역 특구정책보다 남포-평양-원산-청진의 동서 산업중심축과 개성-평양-신의주의 남북 산업중심축이 '선'으로 같이 움직이는 대외경제협력 프로그램을 다시 마련할 필요가 있다. 즉, 특수 지점의 특구정책보다는 '선'을 따라 개발하는 종합적 외자유치 정책과 경제개발정책을 추진하는 것이 바람직하다는 것이다. 중국에서처럼 '점이 '선'이 되는 것이 아니라, 거꾸로 '선'을 개발해 '점'을 발전시킨다는 구상이다.

그렇다면 주요 과제는 '선'을 개발하는 수송망·통신망의 정비와 '점'에 맞는 산업재정비가 될 것이다. 이를 위해서는 한반도의 균형적 발전을 위한 남북 협력이 절실하고, 그 조건 위에서 중국과 협력을 구상하는 것이 맞다. 현재로는 남북의 분단이 신의주를 '인진래'의 창구로 만들었다. 미래의 남북통일은 신의주를 한반도로부터 '주출거'하는 동맥의 끝점이 되게 하는 것이고 이것이 중국식과는 다른 한반도식의 개발 관점이다. 미래의 신의주를 주체적으로 발전시키는 데 남과 북이 지혜를 모아야 할 때다.

'당 대 당 관계'가
북·중 관계를 움직인다

최근 북·중 간 신압록강대교, 신두만강대교, 나진항과 청진항을 잇는 도로 및 철도 현대화
사업, 황금평·위화도 특구 공동개발 등 적지 않은 경제협력 사업들이 이뤄지면서, '북의 중
국화론'이 다시금 제기되고 있다. 현재 진행되는 북·중 경협은 과연 북의 중국 예속화를 가
속화할 것인가. 이 대담은 2011년 7월 〈민족21〉과 한 것으로 〈민족21〉 8월호에 실렸던 내
용을 일부 수정한 것이다.

    " 1960년 한·일 국교 수립이 이뤄지고 박정희 군사정권이 일본으
     로부터 받은 5억 달러의 청구권 자금으로 인해 한국 경제가 일본
경제에 예속되기 시작했다는 이야기가 있다. 또 1980년 쿠데타로 집
권한 전두환 정권은 당시 어려운 경제 사정으로 1981년 이후 일본 나
카소네 정권으로부터 70억 달러에 이르는 안보경협 차관을 받아들였
다. 이것을 두고 한국 경제가 1965년 이후 지금까지 일본 경제에 대한
예속화의 길을 걸어왔다고 100% 단언할 수 있는가. 현재 한국 기업들
은 일본 기업과 경쟁하고, 시장 쟁탈전을 벌이기도 한다. 북·중 경협
역시 다양한 측면으로 살펴봐야 한다."

'북이 붕괴할 것'이라는 믿음을 가지고 지금의 북·중 경협을 바라
보는 것은 바람직하지 않다. 북·중 관계를 평가함에 있어서는 '당 대
당, 국가 대 국가, 지정학적 접경지역'이란 세 가지 관계를 함께 살

펴볼 필요가 있다.

▶ 북의 대중 의존도가 심화되고 있다고 보는 것이 남쪽의 일반적인 생각
인 것 같다. 여기엔 진보와 보수가 한 목소리를 내고 있다. 남북관계가
이대로 끊긴다면 '북의 중국화'가 본격적으로 이뤄질 것으로 예상하는
데, 어느 정도 타당성이 있다고 보는가.

북·중 협력을 중국의 패권주의로 봐서는 곤란

"과거 북·중 경협에 있어 어떤 사건이 생겼을 때, 예를 들어 중국
이 북에게 무상으로 다리와 도로를 건설해주고 북 지역을 공동개발
한다는 이야기가 있을 때 혹자들은 북이 중국의 '동북4성'이 되는
것이 아닌가 우려했다. 북의 중국화가 심각해진다는 논리였지만, 그
렇다고 현재 북 경제가 중국에 예속됐다고 말할 수 있는가. 앞으로
10~20년 후에는 북 경제가 어떻게 나갈 것인지 분명히 드러날 것
이다. 단순히 북이 중국으로부터 경제적 지원을 받았다고 그것을 예
속화로 규정지을 것이 아니라, 객관적 시각으로 양국의 관계를 살
펴봐야 한다.
먼저 양국 문제를 세 가지의 기준을 가지고 바라볼 필요가 있다.
당과 당의 관계, 국가 대 국가, 중국 동북지역과 북측 지역이라는 지
역적 근접성에서 나오는 경제적인 관계 등이다. 중국과 북의 관계

가 어느 정도의 예속성, 자주성 등의 경향이 있는가를 구체적 사안을 놓고 비교·검토할 때 바로 이 세 가지가 기준이 되어야 하지 않을까 생각한다."

▶ 현재 북에게 대안은 중국밖에 없다는 시각이 대부분이다. 남측이 경협을 중단하고 미국의 경제제재가 풀리지 않는 상황에서 북이 기댈 곳은 중국뿐이라는 시각인데, 때문에 북 스스로도 불가피하게 중국에 많은 것을 양보할 수밖에 없다고 보고 있다. 문제는 진보진영조차도 이런 '중국 위협론'을 이용해 정부를 정치적으로 압박하고 있다는 점이다.

"한국의 진보진영은 보수진영이 만들어놓은 일종의 함정에 빠져 있다. 보수의 논리는 분명하다. 첫째 목표는 북 체제의 붕괴다. 그런데 정작 북은 붕괴되지 않고 있다. 그렇다면 그 이유를 만들어야 한다. 때문에 보수는 두 가지 이유를 든다. 북이 '수령독재체제'로 주민을 억누르기 때문이라는 것과 중국의 존재다. 그래서 북의 '수령독재'를 비난함과 동시에 중국의 성장(Rising China) 역시 한국 안보의 위협이고, 때문에 한·미·일 동맹을 더욱 강화해야 한다는 논리적 결론을 맺는다. 북이 붕괴되지 않고 있는 이유로 중국의 지원을 들며, 북·중 사이의 경제협력을 중국의 북 점령, 중국의 패권주의라는 측면으로만 바라볼 수밖에 없는 이유다.

　지금 진보진영은 이렇게 보수가 만들어놓은 '판' 위에서 덩달아 춤을 추는 꼴이다. 하지만 보수의 판을 치우고 '북 붕괴'라는 정해놓

통을 '지배'한다고 생각하는가. 본래 한반도가 중국의 식민지였다면 기도, 숨통이 아니고 그냥 하나의 내륙, 즉 대련의 요동반도나 한반도가 같은 수준이었을 것이다. 중국에 반도 하나가 더 있는 것이고, 목포·부산 등은 중국의 전진기지가 되었을 것이다. 그럴 땐 숨통이란 단어를 사용할 수 없다.

하지만 한반도는 독립국가이고 북 역시 독립국가다. 그 독립국가인 북이 중국에겐 중요한 동북지역의 기도 역할을 한다. 결국 지배가 아니라 서로 도와주고 지원해서 함께 협력해 나가는 관계인 것이다. 그러나 만약 북이 스스로 힘이 없다면 지금까지의 이야기는 상대를 배려하는 것밖에 되지 않는다. 실제로는 중국의 패권이 지배하게 될 것이다. 북이 자주적이지 않고 경제력이 취약한데다 중국에만 의존할 수밖에 없는 상황이기 때문에 북이 아니라 오히려 '중국이 북의 숨통을 쥐고 있다'고 생각하게 되면 완전히 달라지게 된다. 이것은 우리가 북을 어떻게 바라보느냐에 전적으로 달려있다.

북은 스스로 서 있는 나라다. 스스로 서 있으면서 중국의 동북지역 발전에 기도 역할을 하는 것이다. 그렇다면 중국으로부터 받는 것이 있어야 한다. 우리는 중국이 북에 대해 지원하는 것만 생각하고, 북이 중국에 준 것은 생각지 않는다. 북이 중국에 준 것은 항구 등 통로를 열어준 것이다. 자원 개발 역시 '퍼주기'가 아닌 주고받는 무역이다. 그리고 북이 중국으로부터 얻는 것은 길을 열어준 대가다. 중국이 원하는 길을 열어 주었으니, 그에 대한 대가를 받는 것이 당연하지 않은가.

중국이 북의 도로나 다리, 항만 등을 정비하는 것을 '무상'으로 생각하는 것은 잘못된 것이다. 북의 입장에선 당연히 길을 열어주었으니, 정비는 중국 측이 하라고 요구할 수 있다. 길을 열어주었는데, 북이 자기 돈까지 들여 중국에 다리를 만들어주어야 하는가. 만일 북이 자기 자본으로 다리를 건설했다면, 그것이 오히려 중국에 종속됐다는 증거라고 이야기해야 하지 않을까. '문을 열어줬으니 길은 당신이 깔라는 것'이 주고받기다.

그리고 중국도 이익이 되기에 기업이 투자하고, 그 토지에 대해선 중국이 하듯 50년 사용권을 준다. 중국은 외자 유치할 때 몇 년간 토지사용권을 주지 않나. 중국 역시 50년, 70년 사용권을 주고 그 사이에 투자해서 기업 운영하고 이윤을 얻어 가라는 것이다. 중국이 개혁개방을 할 당시와 거의 같은 수준의 논리로 북이 토지사용권을 주면 남측의 보수는 '북이 땅을 팔았다'고 하는 꼴이다.

한국 기업이 중국에 진출해 공장 부지를 70년간 사용할 권리를 얻었다면 중국이 한국에 땅을 팔았다고 해야 하는가. 결국 기본적으로는 잘못된 시각을 가지고 그 시각을 합리화하기 위해 억지로 갖다 붙이는 말들이 대부분이라는 것이다."

▶ 김정일 국방위원장의 빈번한 중국 방문을 두고도 해석이 분분하다. 중국이 북에게 '중국식 개혁개방'을 강요한다는 분석도 있다.

"중국도 국가인 이상, 국가 논리가 있다. 주변국이 자국발전에 방해되지 않고 도움이 된다면, 그런 주변국가와 관계를 맺는 것은 북으로서도 당연하다. 때문에 중국이 먼저 경험한 '개혁개방'을 북에도 경험케 해주고 싶어 초청했다는 설명은 중국의 국가논리로서는 정당하다. 그런데 북·중 관계가 그런 '국가 대 국가 관계로 설명할 수 있는가'라는 면에서 꼼꼼히 살펴야 한다. 앞서 언급했던 세 가지 조건 중 지금까지 설명한 것은 접경관계에서 북·중이 상호 어떤 관계인가였다. 양국은 서로 숨통관계다. 상호 발전하는 것이 이익이다.

경제발전 측면에서 장길도개발개방, 요녕성 경제벨트, 임해경제벨트에서 대련, 단동까지 연해지역 경제를 성장시키고자 하는 그 벨트의 끝이 단동이다. 그 단동의 개발을 지방 정부의 개발이 아닌 중앙 정부가 중심이 되어 추진하고, 장길도도 길림성 정부가 아니라 중앙정부의 국가계획으로 승인했다. 그렇다면 이는 중국 전체의 관점 속에서 동북지역, 길림성, 요녕성이 각각 국경을 사이에 두고 맞붙은 두만강 하구의 나진·선봉과 압록강 하구의 황금평·신의주와 어떻게 서로 연계하며 공동 발전할 수 있는가 고민하는 것은 경제학자라면 당연히 경제논리로 설명할 수 있다. 이런 경제적 측면에서 설명하는 것이 옳다. 그걸 패권주의라고 주장하는 것은 왜곡 가능성이 있다.

한편 '국가 대 국가'라는 것은 국가논리가 기준이다. 이른 바 'G2'의 한 축으로 떠오르는 중국이 꺼져 가는 미국과 어떻게 전략게임을 하는가. 주변국을 안정화시키고 안전보장상의 군사·경제협력을 강화하는 것은 중국의 생존 논리다.

국가는 생존 논리가 있기 때문에 주변국과의 관계를 개선하며, 한편 자신의 영향 아래에 두려 한다. 그런 국가논리와 또 다른 측면에서 공존의 논리, 경제 성장의 논리, 발전의 논리가 때론 길항 관계이기도 하고, 상호보완적이기도 한 것이다. 이런 것을 한쪽만 보고 다른 측면을 무시하는 태도는 몰라서가 아니라 의도적인 것이다."

'당 대 당'의 역사적 관계 주목해야

▶ 북 · 중 관계의 세 가지 기준 중 '당 대 당' 관계는 어떻게 봐야 하는가.

"무엇보다 중요한 것은 북 · 중 관계를 일반경제론적 관점과 정치론적 관점 그리고 특수론에 입각해 봐야 한다는 것이다. 특히 당 대 당이라는 관계를 봐야 한다. 지역사-세계사에서 유례를 찾아볼 수 없는 것이 현재의 양국 관계다. 지금 북 · 중 관계가 가장 깊다고 할 때, 경제 · 국가 대 국가 · 당 대 당 관계 중 무엇이 가장 순위가 높을까.

2009년 7월까지 중국 외교부가 북핵개발에 대한 UN제재에 참여했던 시기는 '국가 대 국가'관계가 더 우선했다고 볼 수 있다. 그런데 그 이후 10월 원자바오 총리가 평양을 방문한 시기부터는 '당 대 당'관계가 '국가 대 국가'관계보다 우선 순위가 됐다. 북 · 중 관계를 움직이는 중요한 논리는 당 대 당 관계다.

당이 무엇인가. 중국이든 북이든 공통적으로 설명하는 당 대 당 관계 논리가 있다. 이는 혁명시대의 당, 건설시대의 당이다. 혁명과 건설로 표현한다. 혁명은 국가를 세울 때까지, 국가를 안정시킬 때까지의 일련의 모든 투쟁을 말한다. 그것이 독립이든, 반식민지 반봉건 투쟁이든, 국민당과의 싸움이든 기본적으로 혁명이다. 그러나 일단 국가가 건설되고 나면 다음부터는 국가를 발전시키기 위한 투쟁, 즉 건설에 들어간다. 그래서 혁명과 건설이다. 혁명시대에 양국 당의 관계가 어땠는가. 또 건설시대의 관계는 어땠는가를 돌이켜보면 지금 북·중 관계 흐름의 기본 축이 보인다. 이 부분을 한국의 보수세력은 의도적으로 무시하고 있고, 진보세력은 잘 모르고 있는 것 같다."

북은 과연 '맹인'인가

▶ 중국의 패권주의적 모습에 북이 대응할 능력이 없다고 보는 것이 보수 진영의 논리 아닌가.

"'떠오르는 중국'이 본능적인 욕망, '먹으면 더 먹고 싶고, 더 많이 갖고 싶은' 경향을 갖고 주변국을 볼 때 북이 아무말도 못한다면 그런 경향성이 실체화될 것이다. 지금의 북·중 관계를 보수진영은 '그렇다'고 말하는 것이다. 그것은 북 존재 자체를 '맹인'으로 보는 것과 마찬가지다. 그러나 정말 북이 맹인인가. 북은 북대로 중국에 대해 상당한 노력을 기울이고 있다. 또한 진정 양국의 협력이 '호혜공영'

이 되기 위해선 국가가 자주적이어야 한다. 자주적이지 않으면 '공동개발·공동관리'는 불가능하다. 때문에 호혜공영 한다는 것은 양국가가 대등하다는 뜻이다. 그러기 위해선 자주적인 무장력과 경제력, 정치력이 결합되어 있어야 한다.

물론 북이 중국에 비해 군사력·경제력이 뒤지고, 양국 사이의 경협 과정도 불균형적인 부분이 있을 수 있다. 하지만 전체를 총괄해 나가는 김정일 지도체제와 후진타오 지도체제가 서로를 인정하고, 양 국가의 선대 지도자들이 이룬 혁명을 인정하고, 그 역사를 계승해 나가자고 합의하는 것, 또한 혁명과정에 있어서 서로 당과 당이 어떻게 결합했었는지 인정하는 것은 각각 요소들에 있어 불안정성을 극복하는 중요한 힘이 되는 것이다.

현재는 북이 중국보다 경제적으로 약자지만, 과거 북이 중국을 도왔던 경험을 기억하고 혁명 전통을 이어받는 것, 상호 협력의 의지를 갖게 되는 것, 이러한 생각을 갖게끔 하는 것이 바로 정치력이다. 이 정치력이 실제 경제·군사 부문에서의 불안정성을 상쇄시키는 역할을 하고 있는 것이다. 북·중 관계는 이런 균형을 잡게 해주는 요소로 작용한다. 그래서 이번 김정일 국방위원장의 방중 역시 당 총비서로, 즉 '당'이 간 것이고, 중국도 '당'으로서 받아준 것이다.

양국의 불안정성과, 불균형을 안정시켜 주는 '당의 정치력'을 세 번에 걸친 북·중 정상회담에서 확인할 수 있었다. 당의 역량은 핵 보유 여부를 넘어선다는 것을 북·중은 합의를 통해 보여줬다. 이것이 가능했던 이유는 당의 역사가 있기 때문이다. 또한 건설의 역사에서도 중국의 개혁개방 경험들을 북이 인정하고, 중국도 북의 건설 경제방식이 잘못됐다고 말하는 게 아니라 다만 경험을 서로 나눈다는 식으로 절충이 됐다. 이를 '국가 대 국가'의 관계로만 보자면 '나한테 와서 배워라'가 될 뿐이다.

그러나 당의 논리로 보자면 서로의 건설노선을 인정하되 나의 경험이 당신의 경험에 도움이 될 수 있다는 것을 설명한 것일 뿐이다. 이처럼 양국 관계의 다양한 측면을 함께 고려하지 않고 북·중의 미래를 예측하는 것은 '장님 코끼리 만지기'가 될 뿐이라는 사실을 알아야 한다."

미·일동맹으로 재충전,
그러나 재몰락 향한 길

2005년으로 전후 60년을 맞이한 일본이 어떠한 방향으로 국내 정치와 사회 문화, 대외관계를 끌고 갈 것인지 주목할 필요가 있다. 특히 일본이 걸어온 역사, 일본의 전후 민족주의와 미·일동맹의 결합으로 나타난 안보정치에 초점을 맞추어 일본에 민족주의의 희망이 있는지 살펴보고자 한다.

2004년 일본에서는 태풍이 10번이나 상륙하였고, 니이가타현 중부지방에는 진도 7의 강진이 발생하여 인명과 재산 피해가 컸다. 피해지역 주민들의 회생노력과 자원봉사자들의 지원, 지방자치단체와 중앙 정부의 조직적인 복구 노력을 보면서, 일본인들이 위기에 대처하는 행동양식에 대해 경외심을 가지기도 한다. 가능성 있는 자연재해에 대한 충분한 대비, 침착성이라는 사회문화, 상호부조를 위한 자발적이면서도 조직적인 행동들은 분명 외국인이 배워야 할 점이다.

'한류'는 자기보완적 하위문화

반면 경제면에서는 10년 이상 장기간에 걸친 경기침체의 원인이 상당부분 정부의 경제정책의 실수에 기인함에도 불구하고 이렇다할 데모나 비판적 시민운동이 일어나지 않는 사회현상을 보면서 역동성이 사라진 사회문화라는 느낌을 받게 된다.

인구의 노령화로 2004년을 정점로 2005년부터는 인구 감소가 시작된다는 보고도 있어 노쇠한 일본 사회가 현실로 나타나고 있다. 오늘의 일본은 어린이 때에는 예절바른 아이였다가 10대 중반이 되면 방향을 잃은 새떼들처럼 도시의 밤을 배회하고, 향락문화에 신속히 빠져드는 청소년들로 넘쳐난다. 노인에 대한 공경은 없고 돈을 얻기 위해 또는 그냥 취미로 원조교제, 마약, 강도질, 이지메(왕따)를 일삼는다. 어린이 유괴살해 사건도 뉴스를 장식하는 주 메뉴가 되었다. 비록 이들이 수적으로는 소수일지언정, 장래의 꿈보다는 눈앞의 쾌락을 더 만끽하고자 하는 청소년들에게 일본 사회의 장래는 강 건너 불과 같다.

일본 사회는 지금 분명 위기에 처해 있다. 사회 전반에 나타나고 있는 무기력증, 급속히 증가하는 부정부패, 부진한 경제개혁, 연금와해의 불안 등으로 일본인들은 일본 사회에 대해 더욱 냉소적으로 되어 가고 있다. 이러한 사회문화의 역설적 반영인가, 2004년에는 한류(韓流)라는 한국 문화 붐이 일본 사회를 강타하였다.

한국의 인기 드라마 〈겨울연갠(겨울연가)〉의 방영으로 촉발된 '욘사마'(텔런트 배용준에 대한 존칭어) 붐은 일본의 40~50대 아주머니들에게 '순수' '부모 자식간의 애정' '박진감' 등 잃어버렸던 것들에 대한 향수를 불러일으켰다. 〈겨울연갠〉의 경제 파급효과는 일본과 한국을 합쳐 약 2,000억 엔(2조 원)에 이른다는 일본 내 민간연구소의 보고도 있다. 그만큼 한국 문화가 일본 사회에 아주 가까워졌지만, 한국어를 배우기 시작하고 김치를 더 자주 먹고 한국 드라마에 빠지게 된 일본인들이 지닌 재일 조선·한국인에 대한 차별의식은 그만큼 줄어들지 않았다는 점을 놓치지 말아야 한다.

일본인들에게 오늘의 한국 문화는 우월한 것이 아니라 잃어버린 향수의 회복이라는 '보완적 하위문화(Sub-Culture)'로 일정 시기에 유행하는 현상이라는 점이다. 한국인들은 일본에서의 한류(韓流)를 즐기되 이를 문화적 지배니 점령이니 하는 식민주의적 발상은 배제해야할 것이다. 현재 일본에서 정작 중요한 것은 불안한 사회, 냉소적인 사회문화를 극복하기 위한 자주적인 처방전이다.

허구적 단일민족주의=보수우익

일본의 공영방송 NHK는 2001년 8월에 '일본인, 멀고 먼 여행'이라는 타이틀로 일본인의 기원을 조사한 다큐멘터리를 방영한 이후 매년 이를 재방송하고 있다. 대략의 내용만 소개하자면, 일본 열도에 최초의 현대 인류가 들어온 것은 두 가지 경로를 통해서이다.

하나는 2만 년 이전에 시베리아 대륙의 맘모스 사냥꾼들이 남하하는 맘모스를 좇아 홋카이도로 들어온 경로, 둘째는 1만 년 이전에 동남아, 중국 남부지역으로부터 남방인들이 바다의 흑조를 타고 큐슈로 들어온 경로이다. 이렇게 일본에 들어온 현대 인류는 기원전 약 1만 년 정도부터 기원전 500년 경까지 토기, 간(마제)석기를 사용하면서 주로 수렵과 채취 생활을 하는 죠몬문화를 형성하였다.

그런 가운데 기원전 6000년 전부터 지금의 대한해협(쓰시마 해협)을 통해 동해로 따뜻한 난류가 흐르게 되자 일본 열도는 3분의 2가 삼림으로 뒤덮인 온난한 지역으로 바뀌어 기원전 5세기 말인 춘추전국시대부터 기원후 3세기 경까지 수 백년에 걸쳐 중국과 한반도에서 쌀 농사문화와 청동기를 가진 약 100만 명 정도가 일본으로 이주하였다. 이렇게 이주한 도래인(渡來人)들이 야요이 문화를 형성하였고, 도래한 야요이인들과 재래의 죠몬인들의 혼혈로 현재의 일본인의 원류가 형성되었다고 한다. 죠몬인과 야요이인들의 인구 비율은 학자에 따라 견해가 달라 3대7, 5대5, 9대1 등 논란이 있지만 기원 전후 시기의 100만 명 이주는 상당한 규모임에 틀림없다. 그래서 일본에서 서쪽으로 갈수록 한반도인들과 혈통이 비슷해지는 현상이 나타난다.

현대 일본인은 두 가지의 염색체를 갖고 있는데 YAP(+)염색체는 죠몬인에게서 받은 것이고 YAP(-)염색체는 도래인인 야요이인에게서 받은 것이다. 현재의 오키나와인과 홋카이도의 아이누족은 야요이인의 염색체를 갖고 있지 않은 죠몬인의 후예라고 한다.

이렇게 해서 일본인의 조상은 단일 민족이 아니라 죠몬인과 야요이인의 결합에 의해 형성되었다는 것이 정설이 되었다. 고대 일본에는 별도의 일본인이 존재했고 이들이 한반도로부터의 도래문화를 수입한 것이 아니라, 도래인이 기술과 문화를 갖고 들어와 발전시키고 기존의 재래인들과 융합하면서 일본 문화의 원류인 나라지역의 아스카 문화를 만들었다고 할 수 있다.

그런데 현재에도 일본의 일부 '단일민족설' 주의자들은 '새로운 역사교과서를 만드는 회'(1996년 12월 설립)을 세워 《새로운 역사교과서》(후쇼사 간행)을 발간하고, 이시하라 신타로 씨가 지사로 있는 동경도 등 일부 자치체 교육위원회에서는 각 중학교에 이를 선택하도록 강요하고 있다.

이들의 입장은 일본 민족의 우수성을 강조하기 위해 단일민족설을 주장하고 고대부터 일본 민족이 독자의 우수한 문화를 갖고 한반도 등으로부터의 도래 문화를 주체적으로 수입하였다는 입장이다. 이는 '국가위신 회복형'의 국수주의이다. 증명할 수도 없는 허위사실을 가지고 우기는 것보다는 일본 문화의 원류는 동아시아 문화의 일부이고 일본인도 동아시아인의 혼혈인 것을 솔직히 인정함으로써 일본 문화와 일본인의 진정한 '독창성'을 재발견해야 하지 않을까 생각된다. 이러한 점에서 일본 에도막부 말기와 메이지유신정부 시기에 활약한 가츠 가이슈(勝海舟)의 고백을 음미해볼 만하다. 그는 말년의 담화집 《氷川淸話》(1888년)에서 다음과 같이 말했다.

"조선으로 말하면 반쯤 망한 나라라거나 빈약국이라거나 하면서 경멸하고 있지만, 나는 조선도 이미 소생의 시기가 오고 있다고 생각한다. (…) 그러나 조선을 바보로 보고 있는 것도 최근의 일이고, 옛날에는 일본 문명의 씨는 모두 조선에서 들어온 것이지. 특히 토목사업은 모두 조선인이 가르쳐 준 것이다."

천황제의 역사적 본질은 '변화'

일본의 민족주의는 애국사상으로 표현할 수도 있는데, 논자들에 따라 애국심(파토리오티즘), 에스니즘(종족으로서의 민족주의), 국가주의, 국민주의, 자민족중심주의, 배외주의, 천황군국주의, 국가사회주의, 국수주의, 우익사상 등 다양한 표현을 하고 있다. 이는 일본의 민족주의가 가진 변화무쌍성과도 관련이 있을 것이다.

일본의 민족주의는 천황제와 함께 시작되었고 현재에도 천황제와 불가분의 관계를 갖고 있는 사상이라 할 수 있다. 여기서 일본민족주의의 원류인 천황제를 알아본다.

우선 고대의 천황제는 '직접 통치자로서의 천황제 성립'을 의미한다. 일본의 역사에서 '천황(天皇)'이라는 호칭은 텐무천황(天武天皇) 시대(서기 673~686) 이후 성립되었다. 그 이전은 오오가미(大王)라는 호칭이 사용되었다. 왕권 강화라는 고대국가의 성립과정과 함께 서기 645년 이른바 다이카개신(大化改新)으로 한반도로부터의 도래인 계통인 호족 소가(蘇我) 씨와 기타 호족들이 실권을 잃고 대왕 중심의 통치구조를 갖게 된다.

천황 가계가 도래인계의 후손이라는 설도 있다. 역사서(속일본기)

에는 781년에 천황이 된 간무천황(桓武天皇)의 생모가 백제 무녕왕의 자손이라고 되어 있다. 현 헤이세이천황(平成天皇)도 2001년의 생일 기자회견에서 이를 시인한 바 있지만, 서기 7세기 말부터는 천황 명칭 사용과 함께 한반도와의 정치적 관계를 완전히 정리하고 독자적인 통치체제로 발전하였다. 이러한 배경에 한반도에서 백제, 고구려의 멸망이라는 역사적 사건이 있었음은 물론이다. 712년에는 천황을 신격화한 신화인 《古事記(고사기)》가 출간되었다. 이것이 일본 (원시)민족주의의 효시라고 할 수 있다. 그러나 천황이 직접 통치한 기간은 길어야 200년 남짓이었다. 이후 봉건시기의 천황제는 명목상의 천황제였다.

서기 866년에 귀족인 후지와라 요시후사(藤原良房)가 섭정하면서 통치권은 귀족의 손으로 넘어갔다. 이후 고대의 율령제 지배는 붕괴하고 중세사회가 시작된다. 동시에 천황은 명목일 뿐 섭정정치가 정치를 독점하게 된다. 1221년부터 1867년까지는 무가(武家)에 의한 정치 독점이 이어졌다. 천황에겐 쇼군(將軍)에게 '세이에비스다이쇼군(征夷大將軍)'이라는 칭호를 수여하는 역할만이 주어졌다. 천황은 궁중 밖을 나온 적도 거의 없었고, 일반 국민들은 영지를 지배하는 영주(다이묘)와 장군(쇼군)을 통치자로 인식하였다. 그후 일본에서 천황제 통치가 부활한 것은 근대 이후였다.

메이지천황(明治天皇)은 메이지유신 1년 전인 1867년에 14세의 나이로 즉위한 소년이었다. 교토의 궁궐에서 자랐기 때문에 당시의 관습에 따라 얼굴은 하얗게 화장하고 눈썹도 그렸다. 메이지유신 이후에도 소년 천황 메이지가 쉽게 권위를 가지지 못하였기 때문에 유신 정부는 신격화를 통해 천황에 권위를 부여하려 했다. 이를 위해《古事記(고사기)》《日本書紀(일본서기)》등에 기록된 신화를 가지고 천황을 '아라히토가미(現人神)'로 종교화하였다.

일본 국민들이 천황을 직접 체험하도록 메이지 천황은 19세이던 1872년부터 32세가 된 1885년까지 6회에 걸쳐 홋카이도(北海道)로부터 가고시마(鹿兒島)에 이르기까지 전국을 순행(巡幸)하면서 민정 시찰을 하였다. 이후 메이지 천황은 개인적으로 식사를 줄이면서 사재를 털어 부국강병 정책을 지원하는 것으로 근대국가 형성에 있어 지도자로서의 역할을 하였다. 이는 당시 조선과 중국 왕실의 부패와 대조되는 부분이다.

천황 군국주의로 되돌아가나

1889년(메이지 22년) '대일본제국헌법'이 제정되었는데 그 내용은 "제1조, 대일본제국은 만세일손(万世一孫)의 천황이 이를 통치한다. 제3조, 천황은 신성불가침이다. 제4조, 천황은 국가의 원수로서 통치권을 총람하며 이 헌법의 규정에 따라 이를 시행한다. 제11조, 천황은 육해군을 통수한다"로 되어 있다.

메이지 천황시대 이후 1945년까지 일본은 천황이 대원수(大元帥)로 군권을 행사하고 신사(神社)를 통해 정신적으로도 지배하며, 교육

칙어(1890년 반포)를 통해 국민의 일상 생활까지 지배하는 등 정치·군사·종교·교육의 정점에 서게 되었다. 이를 천황군국주의 체제라고 할 수 있다. 그러나 실제로는 천황이 절대왕권을 행사했다기보다는, 천황의 신성 불가침성을 내세워 신하들(관료, 후에는 육군)이 헌법에 따라 통치하는 입헌군주제의 구조였다고 볼 수도 있다.

메이지유신 정부는 봉건시대를 국민국가시대로 전환하기 위하여 천황의 권위를 이용하여 백성들에게 '일본'이라는 국가의식과 민족의식(국민의식)을 갖게 하고자 '천황제' 정치체제를 선택하였다고 할 수 있다. 일본의 민족주의는 근대 천황제 시기에 근대 국가주의적 민족주의로 성립되어 천황군국주의로 성장하였다고도 할 수 있다.

제2차 세계대전 패망 이후의 천황제는 상징적인 제도로 변화했다. 1946년 1월 1일 쇼와천황(昭和天皇)은 '신일본 건설에 관한 조서'를 발표하고 스스로 천황의 신격(神格)을 부정하였다(천황인간선언). 1946년 11월에 제정된 '일본국 헌법'에는 다음과 같은 조항이 들어갔다.

"제1조, 천황은 일본국의 상징이며 일본국민통합의 상징이고, 그 지위는 주권을 갖고 있는 일본국민의 총의에 근거한다.

제4조, 천황은 (…) 국정에 관한 기능을 갖지 아니한다.

제9조, (1)일본 국민은, 정의와 질서를 기조로 하는 국제평화를 성실히 희구하며, 국권이 발동하는 전쟁과 무력에 의한 위협 또는 무력의 행사는 국제분쟁을 해결하는 수단으로서는, 이를 영구히 포기한다.

으로써, 석유자원이 있는 동남아시아로까지 경제지배 영역을 확대하고 이를 무력으로 확보한다는 계산이 있었기 때문이다.

일본 민족의 경제적 계산이 깔린 '아시아주의'는 아시아 여러 민족의 민중들이 받아들일 수 없는 사상이 되었다. 비록 조선, 중국, 버마 등지의 민족 선각자들이 서구 열강들의 지배로부터의 독립하기 위해 일본의 힘을 활용하였던 것이 사실이고, 일본의 '아시아주의' 사상가들 중에는 조선, 중국, 버마의 독립을 위해 개인적으로 헌신했던 이들도 있었지만, 결국 일본 군부가 중심이 된 천황군국주의 세력이 '민족주의' '아시아주의'라는 브랜드를 독차지하였다. 이러한 패전 전의 일본 군국주의가 전후 일본의 보수우익세력에 의해 계승되고 있다.

일본민족주의의 세 원류와 네 총리

전후 일본에서 민족주의는 보수우익 세력의 전유물이 되었다. 그리고 '아시아주의' 사상은 정치사상의 수면 밑으로 가라앉았다. 반면에 좌익세력은 패전 전의 국가주의적 민족주의에 대한 부정으로부터 자유·평등·민주주의·인간에 대한 존엄·국제적 연대라는 보편적 가치관에만 주력하였다. 범보수세력의 정치적 본산으로서 '파벌연합정당'인 자민당 내에서도 민주주의가 우선적인 가치관이 되었으며 민족주의는 보수우익 세력의 사상이 되었다.

자민당의 내부를 보면 '친미, 경무장(輕武裝), 경제우선'을 지향하는 보수 본류(保守本流)와 '친미, 아시아와의 평화공존'을 주장하는 보수 온건, '자주헌법, 재무장, 정치우선'을 지향하는 보수 우익의 세 흐름이 각기 파벌을 형성하면서 상호 협력과 갈등 속에 정치를 이끌어왔다. 세 흐름의 원류는 다음과 같다.

우선 보수 본류에 해당하는 요시다 시게루(吉田茂) 총리(1946. 5. 22~1947. 5. 24, 1948. 10. 19~1954. 12. 10)의 흐름이다. 패전 후 초기의 총리로서 일본의 독립을 다시 찾는 등 전후 일본 정치의 기반을 만든 외교관 출신의 요시다는 패전 전부터 친영미(親英美)의 입장을 갖고 있었다. 후쿠자와 유키치(福澤諭吉)의 '탈아입구'론의 영향이 컸다). 따라서 군국주의적인 '대동아공영권'에 대해서 반대하며 영미와의 전쟁도 반대하고 전쟁종결에 노력하는 입장에 있었기 때문에 전후 피점령 시기 수상이 될 수 있었다. 그러나 그는 일본의 전전(戰前) 아시아 지배를 당연시하였으며, 특히 중국에 대해 강경한 입장을 갖고 있었다.

요시다는 외교관으로서 1906년 중국 선양에 첫 부임한 이래 1928년 3월 봉천(奉天, 오늘의 선양) 총영사에서 외무차관으로 승진하기까지 합계 11년간을 중국에서 보냈다. 그는 만주사변(1931년) 발생 4년 전인 1927년 4월에 이미 군사력으로 중국 동북지방을 탈취할 것을 건의하기도 했다(존 다워,《吉田茂와 그의 시대》, 中公文庫, 1991). 이러한 요시다의 입장은 한반도에 대한 태도에도 그대로 나타난다.

그는 1949년 GHQ(연합군총사령부)의 맥아더 최고사령관에게 재일한국·조선인의 모국송환을 요청하는 서한을 보냈는데 그 이유로 세 가지를 들었다.

"① 일본은 미국의 호의로 대량의 식량을 수입하고 있는데 그 일부를 재일조선인을 부양하는데 사용하고 있다. 이러한 수입은 장래 세대에 부담을 지우는 것이 된다. 조선인을 위해 지고 있는 대미채무를 장래 세대에 부담시키는 것은 불공평하다.
② 대다수의 조선인은 일본경제의 부흥에 전혀 공헌을 하고 있지 않다.
③ 더욱 나쁜 것은 조선인 중에 범죄분자가 많은 비중을 차지하고 있다. 그들은 일본 경제법령의 상습적인 위반자이다. 그들 중 다수는 공산주의자 및 그 추종자로서 가장 악랄한 정치범죄를 저지르는 경향이 크며, 상시 7,000명 이상이 옥중에 있는 상태이다."

이렇게 차별과 편견으로 가득찬 요시다의 서한은 GHQ에게조차 받아들여지지 않았다.

중국이나 한국 등 아시아에 대해 우월한 입장을 갖고 있었던 요시다의 인식은 요시다 개인에 국한된 것이 아니라 당시 일본 보수정치계에서 지배적인 입장이었다고 할 수 있다.

자민당 우파의 스승, 기시 노부스케

일본 우익의 또 하나의 원류는 하토야마 이치로(鳩山一郎) 총리
(1954. 12. 10~1956. 12. 23), 이시바시 탄잔(石橋湛山) 총리(1956. 12. 23-
1957. 2. 25) 등으로 대변되는 보수온건 노선이다. 하토야마 총리는
1915년부터 중의원 의원을 지낸 의회정치가로서 요시다와 함께 대
미(對美)전쟁을 반대하였다. 그러나 전후 미군정으로부터 정치추방
을 당한 바 있으며 보수정치계에서는 반(反)요시다 세력의 대표였다.
그는 1955년 보수대합동을 실현하여 자유민주당(자민당)을 탄생시
키고 야당인 사회당과의 소위 '55년 체제'를 성립시켰다.

그는 반공주의자로서 미국 중심의 반공진영에 일본이 가담하는
것을 수용하였지만 총리가 된 이후 미국 일변도 외교에서 벗어나
1956년 소련과 공동선언을 통해 국교정상화를 달성하였다. 한편
헌법을 개정하여 자위대를 정식군대로 전환해야한다는 입장을 갖
고 있었다.

이시바시 총리는 언론인 출신의 자유주의 사상가로서 전쟁 전부
터 전쟁과 식민지 정책을 반대하였다. '만주포기론'을 주장하기도
하였으며 1919년 3·1운동이 일어났을 때 그는 《동양경제신보》사
설에 "조선인도 하나의 민족이다. 그들은 그들의 특수한 말을 갖고
있다. 오랫동안 그들의 독립의 역사를 갖고 있다. 충심에서 일본의
속국인 것을 기뻐하는 조선인은 아마도 한 명도 없을 것이다"라고
이해를 표명하기도 하였다.

상기의 요시다와 완전히 다른 입장이었음을 알 수 있다. 재임 기간 중에 그는 중국과의 관계 개선에 상당한 의욕을 가졌다. 1959년 처음으로 중국을 방문하였으며 '일·중·미·소 평화동맹'을 주창하기도 하였다. 이러한 이시바시의 아시아와의 평화공존 사상은 일본의 적극적인 자주외교를 주창한 것으로서, 냉전구조 하에서는 좌절되었지만 1990년대 중반에는 냉전후 시대의 사상으로 각광을 받은 바 있다.

일본민족주의 우익세력의 세 원류 가운데 전형적인 보수우익을 대변하는 인물이 기시 노부스케(岸信介) 총리(1957. 2. 25~1960. 7. 19)이다.

기시 총리는 일본 전후 보수우익의 원류를 형성한 사람이다. 관료 출신인 기시는 전쟁 이전 만주국 산업부 차장으로서 사실상 만주국의 최고권력을 행사하였다. 일본 전시 총동원체제를 이끌어간 장본인으로서 전후(前後) A급 전범용의자로서 수감되었다. 그러나 국제적 냉전체제가 구축되어 1948년의 극동군사재판(도쿄 전범재판)에서 석방(그러나 정치추방명령 받음)된 후 1952년에 추방해제에 따라 정계에 복귀하였다.

기시는 철저한 반공주의자로서 냉전논리에 따라 친미 입장으로 돌아섰다. 그러나 요시다의 친미를 비판하고 '자주헌법, 재무장, 강력한 정치를 주창하면서 총리 시절 미·일안보조약을 대등한 쌍무협정으로 개정하는 데 주력하여 성사시켰으며, 동남아시아 각국과의 배상문제를 타결지었다. 그러나 기시는 친대만파(강경한 반공노선 추구)로서 중국과의 관계개선을 추구하지 않았다. 반면 한국에 대해서는 반공전선의 최전선으로 중시하여 이승만 정부와 관계개선에 노력하기도 하였다.

기시의 보수우익 노선은 자민당 내에 우파세력으로 자리잡았으며 후쿠다(福田赳夫), 아베(安培), 미츠카(三塚)로 이어지고 현재의 모리(森喜郎)파로 되어 있다. 현재의 고이즈미 총리는 이 세력에 속해 있다. 일본민족주의를 정치적으로 활용하고 있는 세력이 정권의 핵심에 있는 셈이다.

미·일동맹과 민족주의 결합 추구하는 고이즈미

고이즈미 총리는 미국이 하라는 대로만 하고 있다는 비난을 받고 있으나, 그는 미·일동맹의 강화와 민족주의를 결합하는 방향으로 갔다. 이렇게 된 데는 미국의 일본 안보에 대한 정책이 변화된 데에 기인한다. 즉, 미국은 1990년대 이후 일본을 억제하는 정책보다는 미국의 대리인으로서 안전보장의 전선에서 공동협력을 강화할 것을 요구하고 있다. 고이즈미 정권은 냉전이 소멸된 국제질서에서 북(조선)과의 관계를 정상화하는 것이 전후시대를 종결짓는다는 정치적 의식이 있어 이를 해결함으로써 아시아에서의 정치적 지도역할을 추구함과 동시에, 미국과의 안전보장 협력이라는 두 마리의 토끼를 모두 좇는다는 입장이다.

또한 이렇게 함으로써 일본이 아시아에서 평화유지의 중심적 역할을 하기를 바라는 미국의 의도를 적극적으로 수용하여 중국에 대응하는 새로운 미·일안보협력체제를 구축함과 동시에 군사력을 증강하고 자위대를 정식 군대화하려는 일관된 보수정책을 구체화할 수 있게 되었다.

일본에서는 전후 수면 밑으로 가라앉은 일본의 '아시아주의'가 구미열강에 대항한다는 측면은 희석되고, 미국의 하수인이 아닌 동반자로서 아시아의 리더, 나아가 국제사회의 리더(유엔 안전보장이사회 상임이사국)가 되려는 것으로서, 국익 우선의 '아시아협력주의'로 탈바꿈하고 있다.

2004년 12월 10일에 고이즈미 정권이 확정한 '신방위계획대강'에는 안보위협요인으로 기존의 북과 함께 눈에 띄게 성장하고 있는 중국을 새로 포함시키고, 안보위협을 예방하기 위해 미사일방어(MD) 체제를 미국과 함께 본격적으로 구축하면서 무기를 미국과 공동개발하고(무기수출3원칙 완화), 자위대의 해외활동을 본래 임무로 확정하며, 재래식 무기체계를 현대식으로 개편(장거리 공격 및 수송용 장비 도입)하는 등 방위산업 발전과 군사력 강화 계획을 분명히 하였다. 고이즈미 총리의 미·일동맹 중심의 안보정치가 본격화된 것이다.

고이즈미 총리의 안보정치는 일본 경제가 불황에 빠져 있을수록 그 강도가 더해질 것인데, 이는 앞에서 살펴본 1930년대 이후 일본의 천황군국주의의 경로를 보아도 유추할 수 있다. 일본 사회의 냉소문화, 경기부진, 안보위협의 점증 등은 일본이 안보정치로 가는 길을 더 재촉하고 있다. 고이즈미 정권은 미·일동맹과 민족주의의 결합을 통해 일본 정치를 재구성하려는 것이 아닌가 생각된다.

동아시아의 안보를 일본과 나누어 가지려는 미국의 입장은 제2기 부시 정부 들어 더욱 강화될 것이다. '집단적 자위권' 문제는 이미 미·일동맹 강화문제에서 항상 듣는 키워드가 되어 버렸다. 이는 일본이 직접 침략을 받지 않더라도 미군이 공격받을 때 일본군이 무력으로 지원할 수 있다는 개념이다.

미국의 2기 부시 정부는 일본에 대해 미·일동맹을 NATO와 같은 수준으로 질적 강화를 요구하고 있다고 하는데, 그 키워드는 '버든 셰어링(공헌분담)' '파워 셰어링(힘의 분담)'이다. 이를 위해서는 일본의 헌법개정이 필요하고 자위대를 국군으로 인정하는 것이 필요한 것이다. 법 체계가 일단락된 주변사태법에 따라 미국은 일본과 공동 군사훈련을 실시하고 있다.

미국은 동아시아 각국과 지금까지 추진해온 양국 간 군사연습을 다국 간 연습으로 통합하였다. 미국은 더 나아가 이들 각국과 긴급 사태에 대응하는 다국 간 합동부대의 편성을 추진하고 동아시아에서 미군을 전면적으로 재배치하여 일본의 역할을 강화하려는 계획을 실행하고 있다. 아직 일본 정치권내에서 이에 대한 의견이 통일되어 있지 않은 것도 사실이지만 '집단적 자위권'을 확보하기 위한 헌법개정 논의는 일본의 정치권을 달굴 뜨거운 이슈가 될 것이다.

동북아 국가들이 일본 견인할 때

메이지유신 이후의 일본 역사는 대략 40년 주기로 성장과 몰락, 재성장이라는 파동을 그린 것으로 볼 때, 1990년대 이후 특히 2001년 9·11 이후 일본 사회는 다시 몰락하는 길을 걷는 것이 아닌가 하는 우려를 갖게 된다. 1910년대 이후 45년까지의 일본의 몰락 과정은 급속한 군사적 팽창과 민족주의, 아시아주의의 발흥, 그리고 전쟁에서의 패배였다.

지금 일본에서는 다시 안전보장 우선론, 민족주의의 재발흥이라는 움직임이 나타나고 있다. 안보위협에 따른 헌법 개정에 국민들의 반대가 수그러들었으며 미국이라는 패권국가가 분명히 세계를 지배하고 있는 상황에서 일국 평화주의는 의미 없음이 설득력을 얻고 있다. 일본 사회는 1980년대까지의 전후 약 40년간은 경제부흥(경제 내셔널리즘)이라는 한 길에 국가정책이 모두 맞추어지고 전쟁 혐오와 평화헌법을 배경으로 민주주의와 국제협조, 합리주의와 개인주의가 비로소 성립되는 한편, 경제적 강대국으로 재부상하는데 성공하였다. 하지만 1990년대 이후는 냉전붕괴를 안보강화로 연계하는 정책에서 미국과 궤를 같이 하고 있다. 이 정책이 일본의 재몰락을 향한 길이 되는 것은 아닐지 우려된다.

미·일동맹이 일본의 민족주의를 한 켠으로 밀어놓는 역할도 하고 있지만 일본 정부로서는 미·일동맹 강화도 국익이요, 민족주의도 국익인 면에서는 동전의 양면이다. 아세안 국가들과의 자유무역

아베의 주장	
캐치프레이즈	"강한 일본, 믿을 수 있는 일본, 주장하는 외교"
헌법 개정	"우선적 정치과제로 삼아 확실하게 논의하겠다. 헌법 개정은 독립 회복의 상징이다."
집단적 자위권 행사	"현행 헌법의 허용 여부를 개별 사안마다 판단하겠다. 개헌을 통해 집단 자위권 행사 용인을 명시하겠다."
야스쿠니 참배	"총리의 책무다. 참배한다거나 하지 않는다거나 밝히진 않겠다."
침략전쟁 인식	"A급 전범은 편의적 분류일 뿐이다. 국내법상 전범은 없다."
국가주의 교육	"교육의 목적은 뜻있는 국민을 길러 품격있는 국가를 만드는 것이다."
이라크 파병	"이라크에 자유민주주의 국가를 세우려는 국제사회의 노력에 동참한다는 대의를 강조해야 한다."
대북제재	"결정타는 아닐지라도 북한의 화학변화는 끌어낼 가능성이 있다."
아시아외교	"인도 오스트레일리아 등과 협력해 민주주의·인권이라는 보편적 가치를 확산시키겠다."

협정 체결 논의 등은 일본 정부로서 동아시아의 리더라는 역할을 지속적으로 하기 위한 중요한 고리가 되고 있다. 이러한 추세를 볼 때 2005년 전후 60년이라고 해서 동북아시아에서 주요 과제인 북·일 관계 개선이 급속히 진행될 전망은 보이지 않는다. 북과의 관계를 놓고 보면, 일본은 북과의 국교정상화를 추구하기는 하지만 북의 긴장 유발 가능성을 기본 전제로 두고 정책을 설정하고 있다.

현재 일본인 납치문제는 북에 대한 불신, 일본의 안보위협을 국민들에게 선전하고 미국과의 동맹을 강화하는 데 좋은 빌미가 되고 있다. 일본민족주의를 전제로 한 북·일관계 개선은 결국 일본의 영향력이 강화되는 것을 목표로 하는 것이다. 이것이 일본의 국익이다. 여기에 걸맞지 않으면 미국과의 동맹 강화로 얻는 국익을 선택한다. 일본 정부는 2004년 북에 대한 경제제재를 상정하여 '외환개정법'

과 '특별선박입항금지법'을 제정했다. 이로써 일본 정부는 유엔 결의 없이 단독으로 북에 대해 송금, 자산동결, 수출입 규제를 할 수 있게 되었다. 일본의 안보정치는 이제 한국이나 중국, 북(조선)에 사과하지 않는 정치가 되었다. 문제는 앞으로가 더욱 위험하다는 점이다.

일본의 민족주의는 미·일동맹의 힘을 받아 재충전되고 있다. 그래서 더 위험한 것이다. 일본의 민족주의를 견제하고 일본과 미래지향적인 협력을 추구할 국가는 현실적으로는 한국과 중국이다. 장래에는 북(조선)도 해당된다. 동북아시아 국가들이 일본을 견인해야 할 때가 되었다. 일본의 민족주의가 패권적·식민지주의적 성격이 아닌 열린 민족주의로 변화하기 위해서는 반식민주의적 민족주의의 역사를 가진 나라들이 힘을 내야 한다. 일본이 주도하는 '아시아협력주의'가 아니라 동아시아국가들이 공동으로 추진하는 아시아지역협력에 일본을 참여시키는 형태로, 특정 국가의 패권을 지양한 지역 공동이익을 추구해야 할 것이다.

21세기의 한국은 일본으로부터의 독립을 넘어서 일본을 견인하고 평화를 위해 협력하는 동반자로 만들어야할 책임이 있다. 주변국으로부터의 비판을 안보위협으로 받아들이는 일본의 안보정치를 지역협력 우선의 정치로 변화시키기 위해서는 국가권력의 안전보장보다는 '민중의 안전보장(people's security)'을 중심으로 한 시민 수준의 한·일 간 협력과 견인이 절실히 요망된다.

고구려사는
한민족과 중국이
공유해야 할 역사

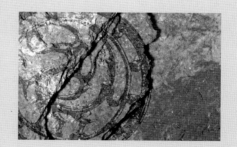

중국의 고구려사 왜곡은 왜 나온 것일까. 이젠 감정만 앞세울 것이 아니라 차분하고도 현명한 대응이 필요할 때다. 중국은 현 자국 영토의 과거사를 독점하는 역사해석을 하고 있다. 그러나 중국이 간과하는 것이 있다.

고구려가 지금 뜨겁다. 1300여 년의 세월이 지났어도 그 담대하며 옹골차지만 한편으로는 서럽기까지 한 역사가 그 후손들의 심장을 달구고 있다. 왜냐하면 고구려의 역사적 소속을 둘러싸고 중국이 싸움을 걸고 있기 때문이다.

2003년 9월 중국의 《광명일보》는 중국의 문헌을 가지고 고구려가 중국 한나라 이후 당나라 시기의 지방정권이었다고 주장했다. 뿐만 아니라 태조 왕건이 세운 고려는 고구려를 계승한 것이 아니라 삼한을 계승했으며 이후 한번도 한반도를 벗어나지 못했다고 목소리를 높였다. 고구려의 역사적 정통성은 중국 동북지방에 있고 이는 현재의 중국으로 이어지고 있다는 것이다.

이러한 주장은, 중국 사회과학원 산하 '중국변강사지연구중심'이 동북3성의 연구기관과 함께 2002년부터 5년간 약 3조 원을 투입해서 추진하는 역사프로젝트 '동북공정(동북변강 역사와 현상 계열연구공정)'에 의해 뒷받침되고 있다.

과거 국가의 역사 소속문제

이에 대해서 한반도의 남과 북 모두에서 반론이 끓고 있고 학문적 반론 또한 심도 있게 이루어지고 있다고 한다. 중국 측이 제기하는 진짜 목적은 체제 유지 강화를 위한 애국주의(국가주의) 교육에 있다는 분석도 있다. 여기에서 필자는 동북아시아에 살고 있는 제 민족이 과거의 역사에 대해 어떠한 해석을 공유할 수 있는가에 대해 다음과 같은 기본적인 생각을 제기하고자 한다.

"문명과 문화 그리고 혈연적 계승성을 가진 민족국가의 존재가 과거 국가의 역사적 소속을 결정한다."

중국이 현재 지배하고 있는 영토 내에서 과거 역사에서 나타난 국가들을 민족의 관점에서 보면 다음과 같이 세 가지 부류로 나눌 수 있다. 첫째는 소위 중원에서 일어난 국가들이다. 한(漢), 당(唐), 송(宋), 명(明)으로 대표되는 국가들로서 중국은 국가의 근원을 이들에 두고 있다.

둘째는 중원의 바깥(만리장성 이북)에서 시원했으나 중원을 차지한 국가들이다. 몽골민족의 원(元), 여진민족의 청(淸)이 대표적이다. 몽골민족은 현재도 몽골공화국을 이루고 있으나 여진민족(만족)은 현재 국가를 이루고 있지 않으며 민족의 정체성도 사라지고 있다.

셋째는 중원의 바깥에서 시원하여 그 지역에서 일정기간 국가로 존재했다가 멸망한 후 현재는 중화인민공화국의 영토에 그 지역이 포함되어 있는 국가들이다. 위구르민족의 신강위구르 지역, 티벳민족의 티벳 지역, 동북 제 민족(한족은 이들을 동이족으로 불렀다)의 동북 지역(구 만주)에 있었던 역사상의 국가들이다. 중국에서 소수민족 문제가 대두되고 있는 지역들이다.

이러한 세 가지 부류를 들여다보면 중국 내에서는 소수민족이지만 중국의 현 영토 바깥에 독립국가를 이루고 있는 민족이 둘 있음을 알게 된다. 바로 몽골민족과 조선(한)민족이다.

독립국가를 이루고 있는 민족은 그 민족의 형성과 국가의 역사를 일체화한다. 역사상의 시기에 따라 국가로서 영토면적에 변화는 있어도 그 문명과 문화 그리고 혈연적 계승성으로 현재의 국가영토 면적에 구애되지 않는 역사인식을 갖게 된다.

조선(한)민족이 고구려에 대해 갖는 역사적 계승성의 인식은 이러한 사정에 기인해 왔다. 몽골민족도 과거 시기 원(元)의 역사를 자기 민족의 역사로 인식하고 있다. 이는 과거 역사상의 국가를 계승하고 있는 국가가 존재하고 있기 때문에 더욱 분명히 나타난다. 국가를 갖지 못한 민족은 공간지배 개념이 사라진 혈연 문화적 민족사에 한정되고 만다.

과거 국가의 역사적 소속 문제에서 가장 중요한 점은 문명과 문화 그리고 혈연적 계승성을 가진 민족국가가 현재 존재하는가 하는 점이라고 생각한다.

역사적 계승성 공유는 안돼

그런데 지금 중국 측에서는 고구려의 문명과 문화 그리고 혈연적 계승성으로서의 조선(한)민족과 그 국가를 부정하고자 하는 인식을 드러내고 있다. 중국 동북지방이 원래 주나라 이후부터 중국 관할이었다거나, 고구려와 당의 전쟁은 통일전쟁이었다거나, 고구려 유민은 대부분 당나라에 동화되었다거나 하는 주장이 그것이다. 이러한 주장이 역사 해석에서 설득력을 얻기 위해서는 고구려가 성립된 후 정복전쟁을 거쳐 평양으로 수도를 옮기고 백제 및 신라를 복속시키려고 한 점, 그리고 삼국 사이의 문명적·문화적·언어적·혈통적 유사성 등을 부정하는 물증을 가진 반론이 있어야 한다.

중국 측에서도 여기까지는 이르지 못한 모양이다. 중국 측이 위와 같은 주장을 하는 목적은 현재 지배하고 있는 영토공간 내의 역사를 하나의 역사로 묶고자 하는 데 있으며, 배경에는 민족을 단일한 민족개념으로 설정하기 어려운 중국의 사정이 있는 것 같다. 이는 현재의 중국 영토에 대한 정치적 통합주의 사상에서 중국을 한민족과 변방 소수민족의 통합체인 소위 '중화민족'의 국가로 설정하는 입장이 있기 때문에 나타나는 딜레마이다. 과거 역사상 국가에 대한 계승성에 있어서 현재의 영토공간을 더 우위에 두는 인식이라고 할 수 있다. 현재의 공간이 과거의 시간을 지배하는 격이다.

이러한 인식은 중국 측이 역사 그 자체의 실증과 문화적·혈연적 계승성을 추구하지 않고, 과거 다양하게 존재해왔던 민족과 국가들의 유산을 현재 지배적인 문화에 통합하려는 정치적 목적이 있음을 드러내고 있다. 만일 중국 동북지방에 청(淸)을 계승한 독립국가가 지금 존재하고 있다면 중국 측은 지금과 같은 주장을 하지 못할 것이다. 조선(한)민족은 그 국가와 고구려의 계승성을 놓고 논쟁하게 되겠지만.

위에서 역사상 과거 국가의 소속문제에 대해 문명과 문화 그리고 혈연적 계승성이라는 차원에서 민족국가 존재의 중요성을 이야기하였다. 이는 역사에 대한 주체성이라는 개념으로도 바꾸어 말할 수 있을 것이다.

그런데 역사상의 국가를 논할 때 또 한 가지 짚어야 할 점은 지역사의 관점에서 현재의 국가들이 과거를 공유해야 한다는 점이다. 로마의 역사는 유럽의 국가들이 공유하며, 원(元)의 역사는 몽골공화국과 중국, 중앙아시아제국, 아라비아제국들이 공유한다. 사라센의 역사는 아라비아제국들의 공유물이다. 이러한 관점에서 보면 고구려는 현재의 중국과 조선(한)반도의 국가들이 공유할 과거사이다. 고구려가 남긴 문명과 문화를 조사하고 그 역사적 위상을 밝히는데 중국과 남북이 공유해야 한다. 그러나 그 공유는 역사적 계승성을 공유하는 것이 아니라 현재로 남겨진 것을 공유하는 것이다.

우리 민족의 고구려 계승성 이해 필요

중국 동북지방에는 '동북공정'만이 아니라 '동북진흥'이라는 것도 있다. 동북공정의 개시와 같은 시기인 2002년부터 원자바오 총리 등 중앙정부의 수뇌들이 동북지방을 자주 시찰하면서 동북지방의 경제를 진흥시키기 위한 정책을 세우게 되었는데 2003년 10월 5일에 중앙정부가 공식적으로 "동북지구 등 노(老)공업기지 진흥(동북진흥)"을 발표하였다. 100개 항목에 약 74억 달러(약 8조 8천억 원)를 투자한다는 계획인데, 이 계획은 동북지방에 대한 국제적 경제협력을 대전제로 하고 있다.

이를 위해서 주변국과의 선린우호로 동북아시아에서의 지속적인 평화를 보장하고 장기적인 평화건설을 유지해나가야 한다는 '경제건설 중심' 정책이 중국 정부의 기본정책이다. 지금은 중국정부가 동북아시아지역 내에서 에너지 안전보장, 환경보호, 교통물류 확대, 문화교류 등을 통한 국가 간의 공동이익을 추구해야할 시기이다. 이러한 중요한 시기에 과거 역사해석에 대해 주변국과 갈등을 일으키는 것은 중국의 실용주의적 입장으로 보아서도 득이 될 것이 없다.

중국은 고구려 역사가 남긴 것을 조선(한)과 공유할 수 있다. 또한 그렇게 되기를 바란다. 고구려 유적의 공동조사 등을 통해 중국 내 소수민족만으로 존재하지 않고 독립국가를 이루고 있는 조선(한)민족의 역사적 계승성을 이해하고, 고구려가 현재 지니는 의미를 한반도와 중국의 공동이익 추구로 발전시킴으로써 동북아시아 지역의

2011년 요녕성 집안에 있는 광개토대왕의 무덤을 찾았다. 관리가 제대로 되지 않아 무너져 내리고 있었다.(상) 광개토대왕비문의 내용을 설명하고 있는 필자.(하)

발전을 위한 역사적 토대를 쌓는 일이 더 중요하다.

중국은 제민족의 역사의 다양성을 존중하고 이에 대해 개방적일 때, 민주적으로 발전하며 국제협력을 선도하는 국가가 될 것이다. 중국은 민족사의 계승성과 공유성을 이해해야만 국제협력을 통한 발전이 가능하다는 점을 깨달을 필요가 있다.

사회주의 계획경제·
자립적 민족경제 계승
새롭게 '개발개방 노선'
본격 추진

대담 이찬우 일본 테이쿄대학 교수 ｜ 정창현 국민대 겸임교수
토론 전현준 동북아평화협력연구원 원장 ｜ 정영철 서강대 교수
시기 2013년 3월 역사인 사무실

2012년 김정은체제 출범이후 북이 경제개혁 조치를 내놓을 것이라는 전망이 나왔다. 특히 농업분야에서는 이미 상당한 변화가 시작됐다는 관측도 제기됐다. 그러나 다양한 설이 나오고 있지만 경제개선과 대외개방을 위한 북의 구상은 무엇이고, 현재 어느 정도 준비 또는 실행되고 있는지를 정확히 파악하기는 쉽지 않다. 2002년 사회주의경제관리개선 조치가 나온 지도 10년이 흘렀다. 그동안 북녘 경제는 양적으로나 질적으로나 많은 변화를 경험했다. 세계 및 시장경제에 대한 인식, 정책방향 등의 변화가 실제 북의 경제현장에서 구체화되고 있다. 이 같은 변화를 제대로 읽기 위해서는 우선 북녘에서 어떤 일들이 벌어지고 있는지에 대한 파악이 선행돼야 할 것이다.

정창현   2012년부터 북이 경제개혁을 추진하고 있다는 보도가 계속 나오고 있다. 북이 2012년 6월말에 〈우리식의 새로운 경제관리체계를 확립할 데 대하여)라는 제목으로 이른바 '6·28방침'을 내놓았다는 보도도 나왔다. 그러나 '6·28방침'은 존재하지 않으며, 아직까지 개선조치의 틀이 전반적으로 공표되지 않았고 일부 시범단위에서만 시행되고 있다는 주장이 유력하다. 북이 경제개선 조치를 전국적으로 시행한다는 지침이 나왔으나 현지 실정이 여의치 않아 단계적으로 실행에 옮겨지고 있는지, 아니면 아직 검토 중인 것인지 혼란스럽다.

이찬우　'6·28방침'이란 존재하지 않는다. 아직까지 새로운 경제개선 조치가 전국적으로 실시되고 있는 것은 아니다. 2012년 초에 김정은 국방위원회 제1위원장이 경제관리 개선 방도를 강구해 보라는 지시가 있었던 것은 사실이다. 4월 6일 담화에서도 경제구조 개선이 비중 있게 다뤄지고 있다. 내각 상무조(테스크포스)를 구성해 여러 방안을 만들고, 현장일꾼들의 의견을 광범위하게 들어본 후 최종개선안을 검토해보자는 정도의 지시가 있었던 것으로 보인다. 이에 따라 내각 상무조가 구성되어 개선조치의 기본방향을 만들었고, 그중 일부 조치들은 상반기에 시범단위를 지정해 일부지역에서 실시했다. 이것이 와전돼 '6·28방침'이야기가 나온 것이다. 북은 공장·기업소, 협동농장, 각 도·시·군의 일부 시범단위에서 나온 성과를 가지고 총화(종합평가)한 뒤 그 결과가 좋은 조치부터 전국화·일반화한다는 방침이다. 2013년

1/4분기까지는 총화시기라고 볼 수 있다.

4월 6일 담화에서 경제관리개선 주문

정창현   2012년 초에 김정은 제1위원장이 내각의 과장급 이상 경제
간부들에게 '어떻게 하면 세계적 추세와 지식경제시대에 맞
게 경제를 개선할 수 있는지 정책건의안을 내놓으라'고 지
시했으나 자칫 불이익을 당할 것을 우려한 대다수의 경제
간부들이 정책건의를 내놓는 것을 꺼려했다고 한다. 그러자
김 제1위원장이 익명으로 정책건의를 할 것을 다시 지시하
며 어떤 내용이라도 신분상의 불이익이 없을 것이라는 점을
강조했고, 그제야 다양한 정책건의들이 제출됐다고 한다.
실제로 2012년 1월 28일 김정은 제1위원장은 노동당 간부
들과 만나 경제활성화를 위한 다양한 정책을 모색할 것을
지시하며, 경직된 내부비판에 경고 메시지를 보낸 것으로
전해진다. 당시 그는 "경제분야의 일꾼과 경제학자가 '경제
관리를 이런 방법으로 하면 어떻겠는가'라고 제안해도 색
안경을 낀 사람들에 의해 '자본주의적 방법을 도입하려 한
다'고 비판을 받기 때문에 경제학자들이 의견을 갖고 있어
도 얘기하려 하지 않는다"고 지적하고, "비판만으로는 경
제관리 방법을 현실 반전의 요구에 맞게 개선해 나갈 수 없

다"라며 경제활성화를 위한 자유로운 정책논의를 주문했다고 한다.

　　내각의 간부들이 내놓은 정책건의는 결국 2003~2004년 박봉주 총리가 중심이 돼 시행하다 전면적으로 시행하지 못한 경제정책으로 돌아가자는 쪽으로 모아졌다. 실질적인 내각책임제 도입과 공장·기업소, 협동농장의 상대적 독자성(자율성)을 확대하자는 방안이다.

이찬우　　그와 유사한 이야기를 들은 적이 있다. 그러한 논의의 연장선상에서 김정은 제1위원장이 2012년 4월 6일 당중앙위 책임일군들과 진행한 담화 〈위대한 김정일동지를 우리당의 영원한 총비서로 높이 모시고 주체혁명위업을 빛나게 완성해나가자〉와 4월 15일 김일성광장에서 열린 김일성 주석 탄생 100돌 경축 열병식에서 한 공개연설에서 "지식경제시대의 요구에 맞는 경제구조를 완비"할 것을 지시한 것이다.

정창현　　경제관리개선의 구체적인 방향과 관련해 김정은 제1위원장은 "경제사업에서 사회주의원칙을 고수하며 생산과 건설의 담당자인 근로자들의 책임성과 역할을 높여 생산을 최대한 늘이도록 하는데 힘을 넣어야 합니다"라고 강조했다. 이러한 정책방향은 김정일 국방위원장이 2002년 7월 사회주의 경제관리개선조치('7·1조치')를 단행하면서 제시한 방향과 크게 다르지 않다. 그런 점에서 김정은 제1위원장이 4월 6일 담화에서 제시한 경제관리 개선방향은 2002년 '7·1조

"경제적 측면만 보면 북·중 무역의 감소 등으로 북의 경제 전망을 부정적으로 보는 시각은 근거가 부족하다. 지금 북쪽의 경제개선 정책이나 내부 경제를 봤을 때 그동안 기업 구조조정도 하고, 기계류도 들여오고 해서 일정하게 자립적 경제를 꾸려갈 토대가 마련됐다고 본다."

이찬우 교수

치'가 시행된 뒤 10년간의 경험을 평가하고, 변화된 국내외 상황을 고려해 내놓은 것으로 보인다.

2002년 '7·1조치'가 나올 때도 이를 위한 상무조가 구성 됐고, 2003년에 기용된 박봉주 총리도 2004년 6월 내각 상 무조를 가동해 가족영농제 도입, 기업경영 자율화, 당의 노 력동원 금지, 도매 시장 등 유통구조 구축, 상업·무역 은행 신설 등 파격적인 경제개혁안을 입안했던 것으로 알려져 있 다. 이번에 경제개선 조치방안을 입안하기 위한 내각 상무 조는 어떤 인물들로 구성됐나?

이찬우 2012년에 구성된 내각 상무조에는 박봉주 총리 때 구성된 상무조에 참여했던 인력들이 그대로 이어지고 있다. 인력구성에 큰 변화가 없는 것으로 알고 있다. 우선 2005년 실각했던 박봉주 총리가 당 경공업부 부장으로 복귀했고, 박봉주 총리와 함께 좌천됐던 경제관료들이 거의 대부분 복귀했다. 이번 내각 상무조는 40대의 젊은 경제관료들로 구성돼 있다. 그런 점에서 '7·1조치'의 기본방향이 정책입안자들을 통해 이어지고 있다고 볼 수 있다.

국제관계·정치환경·경제생산력의 변화

정창현 당쪽에서는 박봉주 경공업부장, 곽범기 기계공업부장이 중심이고, 내각에서는 로두철 부총리가 중심이라는 분석이 나오고 있다.

이찬우 박봉주 경공업부장과 로두철 부총리가 중심이라고 본다. 두 사람 모두 '7·1조치' 때 깊숙이 관여했고, 2002년 북측의 경제고찰단(시찰단)의 일원으로 남쪽을 다녀간 공통점이 있다(박봉주 경공업부장은 2014년 4월 다시 총리에 기용됐다).

정창현 인적으로 보면 '7·1조치'의 연장선상에 있다고 하더라도 지난 10년 사이에 북 내부의 경제상황, 북중·남북경협 등의 조건이 상당히 변화됐다. 인적·정책적 계승성이 있다고 하더라도 국내외 여건변화가 반영될 수밖에 없을 것이라고 본다.

이찬우 2012년에 구성된 2차 상무조가 아직까지 완결된 경제관리 개선안을 명백하게 내놓지 않고 있기 때문에 '7·1조치'와 동일선상에서 비교하기는 어렵다. 하지만 여러 이야기를 종합해 볼 때 일정정도 내용 변화가 있다고 본다. 먼저 상황 변화를 3가지로 생각해봤다.

첫째 국제관계의 변화, 둘째 정치적 환경의 변화, 셋째 경제생산력의 변화 등이다. 이런 변화에 맞춰 북도 경제정책의 내용을 세분화, 세련화 하는 형태로 내놓고 있다.

정치적 환경의 변화와 관련해 '7·1조치'가 나온 2002년 시점에서 북은 다소 낙관적인 분위기에서 경제정책을 펼칠 수 있었다. 남북 간에 6·15공동선언이 나왔고, 7·1조치 직후에 북·일 평양선언이 나왔다. 남북, 북·일관계 개선에 대한 낙관적 전망, 북·미관계 개선에 대한 기대 등 국제관계의 우호적 환경 때문에 통 크게 경제정책을 펼 수 있었다. 다른 말로 하면 경제정책을 집행할 수 있는 자금확보에 대한 기대가 있었던 것이다. 당시 김정일 국방위원장이 '통 크게 내각 중심으로 펼쳐봐라'는 취지의 지시를 내렸고, 일임을 받은 박봉주 총리는 군부나 당의 간섭을 받지 않고 독자적으로 상무조를 만들어 과거와 단절하는 정도까지 개혁안을 마련할 수 있었던 국제 환경이었던 셈이다.

또 북 내부적으로는 1997년부터 1999년까지 경제 위기를 넘기면서 자력갱생의 기반 위에서 '사회주의 원칙을 고수하면서 실리를 추구한다'는 방법론이 성공했다는 자체 총화가 있었다. 이러한 총화이후 경제노선과 관련된 다양한 논란이 일소되고 신진세력의 등용이 이뤄져 좀더 개혁적인 분위기에서 경제개선을 추진할 수 있는 분위기가 조성돼 있었던 것이다.

생산력의 측면에서는 기하급수적으로 발전하는 상황은 아니었다. 상부구조인 정치적 체제와 국제관계는 안정화되어 있었지만 하부구조인 경제는 여전히 에너지난과 식량난 등 '부족의 경제'상황으로 경제개선정책의 발목을 잡고 있었다.

그러나 경제 생산력이 발목을 잡고 낙관적으로 봤던 국제정세와 국내 정치적 환경이 악화되면서 '7·1조치'는 추동력을 잃게 된다. 결과적으로 국내외 조건에 대한 낙관적 판단에 기초한 경제정책에 대해 당과 군부가 문제제기를 하게 되고, 3년 동안 생산 정상화가 이뤄지지 못하면서 그들의 비판이 먹혀 들어갔다. 그 결과 김정일 위원장도 내각 중심의 개선정책을 일부 후퇴시키지 않을 수 없었고, 사회주의 원칙을 강조하는 '박남기(당 계획재정부장) 노선'이 힘을 받게 된 셈이다.

정창현 지금 언급한 세 가지 조건에 기초해 보면 현재 국제조건은

10년 전보다 나빠졌고, 경제력 조건에서는 향상된 것으로 판단된다.

이찬우 2차 상무조가 처한 정치적 환경면에서는 10년 전과 지도부 교체가 있었을 뿐 선군노선과 정치노선이 바뀌지 않은 채 안정화 됐고, 세대교체도 원만하게 이루어져 큰 변화가 없다. 두 번째 국제환경에서는 상당한 변화가 이루어졌다. 지금은 10년 전보다 국제관계가 불안해 보수적이고 방어적인 정책을 펼 수밖에 없다. 핵보유가 내부 정치구조의 공고화, 일심단결 강화 등 상부구조 강화에는 기여하겠지만 국제관계에서는 핵보유로 인한 국제사회의 제재가 더 강화되고 어려운 점들이 많이 발생했다. 적극적인 개혁정책으로 나아가기 어려운, 다시 말해 대외개방을 전제로 하는 전체 로드맵을 그리기 어려운 환경이다.

반면 생산력 부분에서는 10년 전보다 상당히 좋아졌다. 경제의 현대화·과학화가 이루어지면서 지속 성장이 가능한 토대가 마련됐다.

이렇게 봤을 때 향후 경제 개선정책은 기존의 정책기조를 이어가되 대외관계에서는 보수적인 형태를 띠면서 생산력 발전에서 실리를 추구하는 방향이 되지 않겠나 예상된다.

대외관계는 보수, 생산력 발전은 실리 추구

정영철   정치·국제·생산력 중 생산성 향상이 이뤄졌다고 하는데 2002년부터 어떤 요인들이 생산력 향상과 경제 정상화를 가져왔는지를 파악해야 한다.

이찬우   일단은 북의 주요 에너지원인 석탄 생산이 정상화되고 있다. 1990년대 중반 대홍수로 물에 잠겼던 석탄갱도가 10여 년에 걸쳐 물이 완전히 빠지고 말랐다. 예를 들어 물에 잠겼던 안주탄광은 완전히 정상화된 것으로 알고 있다. 석탄 생산이 늘자 전력생산이 제대로 되기 시작했다. 희천발전소, 원산청년발전소 등 대형 수력발전소도 여러 개 건설됐다. 또한 기술혁신으로 주체철(코크스를 사용하지 않는 산화철 제철 방식)이 생산되기 시작했고, 흥남비료공장과 2·8비날론공 장이 정상화됐다.

이러한 공장 정상화와 함께 공급능력 확대에 중요한 영향을 준 것이 지난 10년간 북이 중국 등 해외에서 들여온 기계, 산업설비가 크게 늘어난 것이다. 석탄 수출을 늘려 얻은 자금으로 공장정상화를 위한 기계, 설비를 집중적으로 수입한 것이다. 이러한 설비의 현대화가 공장의 가동률과 생산성 향상에 기여했다고 본다.

정창현   지금 언급한 북의 기계, 설비류 수입이 늘면서 북의 대중무역 적자가 크게 늘었다. 매년 발생하는 무역적자를 북은 어떻게 해결하고 있는지 궁금하다. 몇 년 단위로 중국이 상쇄해 준다는 주장도 있다.

이찬우 상당히 어려운 문제다. 북의 대중 무역 적자는 10억 달러 내외다. 적을 때 7억 달러고, 많을 때 11억 달러 정도다. 2012년의 경우 총 59억 달러의 교역액 중 중국이 수출 35억 달러, 수입이 25억 달러로, 차액인 10억 달러가 적자다. 이렇게 매년 적자가 쌓이면 100억 달러 넘어가는 것은 금방이다. 이에 대해 중국학자들은 재밌게 설명한다.

첫째 드러난 무역적자액은 무역통계일 뿐이라는 것이다. 북·중 간 무역 적자를 채무·채권관계로 보는 것은 옳지 않다. 단순히 수출과 수입을 연관시켜 볼 때 적자가 난다는 개념이다. 이를 다르게 생각해 보면 북은 35억 달러가 있어서 중국으로부터 35억 달러어치를 수입한 것이다. 중국은 25억 달러가 있어서 북으로부터 25억 달러어치를 수입한 것이다. 북쪽 내의 화폐량이 10억 달러가 줄었을 뿐이다. 어디까지나 35억 달러가 있어서 수입한 것이라고 생각하면 북이 10억 달러를 손해봤지만 북이 가지고 있는 무역 채무, 즉 빚은 아니다.

한 해에 발생하는 10억 달러 정도의 무역적자를 채무로 쌓아놓았던 중국이 일정시간 이후 탕감해주는 것으로 볼 필요가 없다. 다만 북이 계속적으로 외화가 필요할 뿐이다. 그러나 수입에 쓴 무역적자액 10억 달러가 없어진 것이 아니다. 대신 물자로 들어왔다. 화폐가 다른 부분에서, 즉 통계에 잡히지 않는 뭔가에 의해 보전되고 있다면 큰 문제가 없다. 남북경협에서 얻어지는 이익이 북·중 간의 외화 손실을 보전할 수도 있다. 2000년대에는 그것이 가능했다.

중국으로부터 가져온 설비들이 수입 초과분으로 들어와서 투자가 이루어지고 생산을 통해 내수 및 공급이 확대되어 더 이상 중국산 소비재를 수입하지 않고 국내산 소비재 생산으로 바뀌었다면 무역적자만큼 국내 생산 정상화에 기여했다는 점이 중요하다. 중국으로부터 수입한 에너지는 쓰면 없어지지만 산업생산의 원료로 들어간 것이다. 비료를 수입하면 그것은 곡물생산으로 이어진다. 수입한 산업설비는 지속적으로 생산에 쓰이게 된다. 수입이 늘어남에 따라 북의 국내 산업의 성장도 이뤄졌다는 점을 간과해서는 안 된다.

수입 설비는 곧 국내 생산력 향상과 직결

정창현 북은 우선 '국가의 계획적이며 통일적인 지도'를 위해 경제사업을 내각이 확고하게 책임지도록 했다. 특히 김정은 제1위원장은 2012년 4월 6일 담화에서 "인민생활향상과 경제강국건설에서 혁명적 전환을 가져오기 위하여서는 경제사업에서 제기되는 모든 문제를 내각에 집중시키고 내각의 통일적인 지휘에 따라 풀어나가는 규율과 질서를 철저히 세워야 한다"며 '내각책임제(내각중심제)'를 강조한 뒤 각급 당위원회가 내각책임제 강화에 지장을 주는 현상들과 투쟁을 벌일 것을 지시했다. 내각책임제는 이미 김일성시대 때부터 강조돼 왔지만 실질적으로 당과 군대의 경제운영과 무역활동을 내각이 관할하는 형태로 진전되지 못해 사실상 실패했다. 2012년 김정은 제1위원장은 당과 군에서 대외무역을 통해 얻은 수익을 독자적으로 운영하던 관행에서 탈피해 국가재정을 내각에 집중시키고, '경제사령부'로서 경제

정창현 교수

"일부 학자들은 북의 시장 쌀값이 올라 근로자가 받는 임금으로는 사 먹지 못할 정도로 턱없이 비싸 식량난에 허덕이고 있다는 분석을 내놓고 있다. 그러나 이러한 주장은 북 당국과 기업소들이 식량 필요량의 2/3정도는 배급 또는 공급해 주고 있다는 점을 간과한 것이다."

운영에서 내각책임제를 확고하게 정착시킨다는 구상을 내비쳤다. 실제로 군대 산하 무역회사들이 내각으로 개편되고 있다는 전언도 있다.

이찬우 실제로 군 산하 무역회사들이 내각 산하로 이동중이다. 나선시에 있는 군 산하 무역회사가 내각 산하로 개편된 것이 확인됐다. 무역회사의 인원들은 그대로 있고, 관할권만 내각으로 이전하는 형태로 진행되고 있다.

정창현 북은 내각의 통일적 지도와 함께 '해당 단위의 독자적인 경영목표 입안과 전략 수립'을 위해 공장·기업소, 협동농장 등에 '상대적 독자성(자율성)' 강화를 지시했다. 북에서는 공장·기업소 및 협동농장들의 경영활동에서 제기되는 여러 문제들을 자체로 처리할 수 있는 일정한 권한을 부여하고 있는데, 그 권한을 대폭 확대하겠다는 것이다

이찬우 협동농장의 청산리 사업방식과 기업소의 대안의 사업체계, 즉 당비서·지배인·기사장의 3위일체식 집단지도방식은 변화가 없다. 다만 현실적으로 운용하는데서 지배인 책임제(중국식 표현으로 하면 공장장 책임제)가 강화되고 있는 것은 사실이다. 중국은 당비서와 공장장의 공동지배체제로 운영되다가 등소평이 등장해 개혁개방노선을 제시하면서 제일 먼저 공장장 책임제로 바꿨다. 당비서에게 있던 인사권, 처벌권 등 행정권한을 지배인에게 준 것이다. 당비서는 정치사상 지도사업에만 전념하도록 했다.

그러나 북은 여전히 당비서가 인사권을 행사하며 집단지도체제를 고수하고 있다. 그런데 지배인 책임제가 강화되면서 지배인이 노동자 후방사업에 대해서 직접적인 책임을 지도록 했다. 과거 후방사업은 국가가 보장했다. 쿠폰이나 현물로 생활비 외에 사회주의적 시책을 국가가 책임지고 공급했다. 1990년대에도 실제 집행은 안됐지만 틀은 바뀌지 않았다. 그런데 2012년 북은 경제관리개선을 강조하면서 지배인이 후방사업을 책임지도록 해 지배인이 수익을 내서 근로자의 임금을 보장하도록 한 것이다. 공장을 정상화하고 제품을 생산하기 위해 필요한 초기 밑자금(대략 30%)은 국가가 줄 테니 확대재생산을 통해 근로자의 후생사업(식량 공급 및 복지 등)을 책임지라는 것이다. 이런 점에서 북의 지배인 책임제는 중국의 공장장 책임제하고는 다르다고 할 수 있다.

정창현 그렇다면 각 도·시·군 및 공장, 협동농장에 '상대적 독자성'(자율성)을 확대한다는 게 구체적으로 어떤 의미인가?

이찬우 식량 생산을 예로 들어보자. 내각에서 연간 계획을 세울 때 600만 톤 식량을 목표로 결정하면 각 도별로 생산목표가 내려간다. 일례로 황해남도에 100만 톤이 계획으로 내려가면 황해남도 인민위원장은 산하 군별로 어느 정도 할 수 있는지 현장 협동농장 지배인들과 협의를 통해 연간 단위 계획을 받아 최종적으로 100만 톤을 계획으로 확정하거나 내각과 협의해 목표를 조정하게 된다. 이것이 총량 목표이다. 과거에는 100만 톤으로 총량 목표가 확정되면 이를 식량으로 반드시 납부해야 했다. 그런데 '상대적 독자성'이 확대되면서 이 총량 목표를 반드시 식량으로 내지 않고 이에 해당하는 현금으로 납부할 수 있게 된 것이다. 즉 강령군의 경우 식량 생산보다 은정차를 생산하는 것이 더 수입이 난다고 판단되면 쌀 재배면적을 줄이고 차를 더 재배해 수입을 내고, 총량 목표에 부족한 식량생산량 만큼 그에 해당하는 현금으로 대납하는 것이 가능해 졌다는 것이다. 각 도·시·군, 협동농장이 지역 특성에 맞게 효율적으로 토지를 이용해 '번 수입'으로 총량 목표를 달성할 수 있게 한 셈이다.

정창현 좀더 구체적인 사안을 놓고 토론해 봤으면 한다. 먼저 농업 분야를 보면 '7·1조치'이후에도 몇몇 협동농장에서는 시범적으로 분조 구성원을 축소(12~15인에서 6~7인)하고, '번 수입'에 기초해 분배하는 정책을 시행했다. 사실 2012년 북이 시범단위 협동농장에서 실시했다는 하는 개선조치들도 이와 크게 다르지 않다. 협동농장에서의 결산분배 측면에서도 국가에 토지이용료 등으로 수확량의 40%를 내고, 30%를 국가수매하고, 나머지 30%를 자율적으로 처분할 수 있게 했다는 것도 큰 틀에서 과거와 크게 다르지 않다.

이찬우 우선 전제할 것이 7:3분배는 전국적으로 실시된 것이 아니라 각 도별로 몇 개의 시범단위 협동농장을 정해 실시했다.

그런데 농민과 협동농장의 반응이 폭발적이었다. 사업총화를 거치기도 전에 벌써 다른 협동농장에서 자체적으로 이를 실시한 사례도 있다고 한다. 그러나 사업총화가 아직 끝나지 않았기 때문에 이 같은 분배방침이 전면적으로 실시됐다고 말할 수는 없다. 물론 2005년에도 북은 7:3원칙으로 분배하려는 방침을 세웠다. 그러나 현실에서는 당국이 30%를 다 주지 못하고, 인민군 지원미 등으로 협동농장 배분 몫 30%에서 상당수가 나갔다. 특히 계획량보다 생산량이 적었기 때문에 농민들의 몫은 그만큼 더 줄어들었다.

정창현 2012년 북을 방문했던 일부 인사들은 각 협동농장별로 토지 이용료, 비료값, 장비 사용료 등을 제하고 나머지는 자율적으로 분배하라는 방침이 현실로 나타나자 일부 농민들은 '이게 꿈이냐 생시냐'라는 반응까지 보였다고 한다. 또 2012년 3월 농업분야에 독립채산제를 확고하게 실시한다는 방침이 내려졌고, 작업반 산하의 분조도 분조원의 수를 줄여 가족끼리 또는 지인들끼리 알아서 구성할 수 있도록 했다고 한다. 이런 조치들이 전국적으로 실시된 것이 아니라면 일부 협동농장에서 시범적으로 실시된 것을 확대해석한 것이란 결론이 나온다.

이찬우 그렇게 알고 있다. 다만 농민에게 돌아가는 몫 30%에 대해서는 각종 부과금을 최소화해 농민수입이 될 수 있도록 하는 조치가 있었던 것 같다. 시범적 조치가 전국적으로 확대

될 것이다.

공장·기업소, 협동농장에 '상대적 자율성' 강화

정창현　아시다시피 북에서는 현재 국가의 수매가격과 시장 쌀값 사
이에 엄청난 차이가 있다. 그렇기 때문에 일부 협동농장에
서는 생산량을 축소해 일부 쌀을 시장에 높은 가격으로 팔
거나 아예 빼돌리는 형태도 나타나고 있는 것으로 전해진
다. 문제의 핵심은 국가의 수매가격 현실화로 보인다.

이찬우　다시 정리하자면 협동농장의 결산분배가 4：3：3으로 이뤄
진다면 40%는 토지사용료 등 국가몫이고, 30%는 국가수
매를 통해 농민에게 현금분배가 이뤄지는 것이고, 나머지
30%가 농민에게 현물로 분배되는 몫이다. 쟁점은 수매가가
국정가격이냐 시장가격이냐 하는 점이다. 내가 알기로 과거
시장가격이 kg당 2,000~5,000원 하던 시기에 수매가격은
40~50원에 불과했다. 2012년에는 시범 협동농장의 경우에
는 800~900원 선에서 수매가 이뤄진 것으로 알고 있다. 과
거보다는 20배 가량 인상한 셈이다. 그러나 여전히 시장 쌀
값하고는 격차가 크다.

정창현　북 당국이 수매가격을 20배 가량 인상하려면 그만큼 재정
부담이 늘어난다.

이찬우 2012년 북의 식량생산량을 500만 톤으로 보면 대체로 식용으로 400만 톤, 공업용으로 100만 톤 정도가 사용된다고 볼 수 있다. 북의 국가배급 대상은 약 600만 명(군인 포함)으로 약 110만 톤 소요되고, 농민 800만이 약 150만 톤을 현물로 분배받고, 기타 도시 노동자 1천만 명이 140만 톤 정도 소비하는 것으로 추산된다. 이중 150만 톤이 국가수매분이다. 톤당 8,000원에 수매한다고 보면 전체 수매가는 12억 원에 해당한다.

2000년대 중반 딱 한 번 최고인민회의 보고에서 "'7·1조치' 이후 수매가격이 올라 재정의 상당규모가 들어 수매 부담이 컸다"고 밝힌 적이 있다. 이것을 통해 볼 때 수매예산안은 일반회계예산에 포함되지 않고 별도의 특별회계예산에 포함된 것이 아닌가 추정된다. 결국 근로자에게 주어지는 임금과 농민에게 주어지는 현금분배가 시장에 풀려 물가상승을 유발하고 있다고 판단된다. 우리가 추계하는 것보다 북의 화폐유통량이 더 많다고 볼 수 있는 것이다.

정영철 북의 시장 가격 안정화를 거론할 때 통화량 이야기가 많이 나온다. 북이 물가를 잡기 위해서는 화폐개혁과 같은 강제적 힘으로는 안되고 구조적으로 통화량을 줄이는 접근법이 필요하다고 주장한다. 일반 재정에서 생각하지 않은 돈이 풀려 결국 물가상승으로 이어지는 셈이다. 그렇다면 북 당국이 통화량 조절을 통해 물가를 잡아야 하는 정책을 펴야

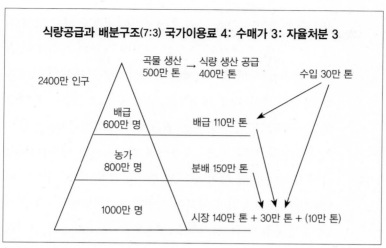

북의 식량공급과 배분구조

하는 것 아닌가?

정창현 북은 대형 슈퍼마켓, 전문상점을 건설해 새로운 상업망을 만들고 이를 통해 민간 통화를 흡수하려고 하는 의도를 가지고 있는 것 같다.

이찬우 한 가지 분명하게 지적해둬야 할 것이 있다. 북의 주민들이 식량을 전부 시장에서 구입하는 것이 아니라는 점이다. 앞서 이야기했지만 북 당국이 배급해야 하는 대상은 군인을 포함해 600만 명 정도다. 협동농장 농민들은 현물분배를 받기 때문에 알아서 먹는 것이고, 나머지 1천만 명의 도시 근로자들은 소속 공장·기업소에서 도매가격으로 공급한다. 즉 근로자가 속한 단위 공장·기업소가 월급에서 식량비를 제하고 식량을 구입해 근로자에게 공급하는 것이다. 각 공장·기업소 총무과는 매달 자기네 직원과 가족에게 필요한 식량을 계산해서 전체를 국영상업망을 통해서 도매가로 계약을 해서 싸게 대량으로 구입한 후 직원들에게 배급하고 수수료를 더한 금액을 월급에서 제하는 것이다. 북한의 문헌들을 보면 공장·기업소의 지배인이나 당 책임비서가 후방사업을 잘 해야 한다고 강조하고 있는데, 여기서 이야기하는 후방사업의 핵심이 식량확보와 연관돼 있을 것이다. 후방사업을 잘한 기업소 지배인은 근로자에게 안정적으로 식량을 공급해 주는 것이고, 능력 없는 지배인은 도매가격으로 식량으로 확보하지 못해 비싸게 식량을 살 수밖에 없게 된다.

식량공급 등 후방사업도 지배인의 능력에 따라

정창현　2006년 평양에서 합영회사를 운영하는 중국 기업가에게 물어봤더니 공장 근로자들에게 공식적으로 지급하는 임금 외에 별도로 식량을 구입해 근로자들에게 공급해줬다는 이야기를 전해들은 적이 있다.

　그런데 2012년 1월에 문을 연 평양 광복지구상업중심(슈퍼마켓)에서도 쌀을 판매하기 시작했다. 여기서 쌀을 판매

한다면 시장가격보다 싸게 팔 텐데, 시장의 쌀값은 계속 오르고 있다. 이와 관련해 크게 3가지 견해가 있다. 첫째는 북의 식량난이 더욱 심각해지고 있다는 주장, 둘째는 북의 시장 쌀 가격이 국제 시세, 특히 중국 쌀값의 변동에 영향을 받기 때문에 때문이라는 주장, 세째는 과거 협동농장에서 시장으로 빼돌려지는 양이 급격히 줄면서 가격 올라가고 있다는 주장 등이다.

이찬우 두 번째, 세 번째 요인이 복합적으로 작용하고 있는 것 같다. 지금 시장 쌀 가격이 오르는 것은 공급의 불규칙성과 공급량이 적은 상황이 소매값 상승에 반영되고 있는 것으로 보인다. 또 2011년에 쌀값 변화 추이를 위안화(인민폐) 기준으로 보면 큰 변동이 없다. 즉 kg당 0.5~0.6달러에 수입돼 1달러 정도로 북 시장에 나오는 것이다. 즉 식량의 수입가격이 올라가면 북 시장의 소매가격도 올라간다. 수입가 변동에 따라 시장가격도 변동되는 셈이다. 다만 인민폐 기준으로 보면 변동폭이 크지 않다. 북 시장의 식량가격이 환율 변동의 영향을 강하게 받고 있다는 증거다.

북의 시장에서 팔리는 식량은 상당부분 수입쌀이다. 따라서 수입쌀의 인민폐 가격 환율이 그대로 원화에 반영된다. 북 자체에서 생산돼 구입 배급되거나 농민에게 분배된 쌀 등은 대부분 도매가로 대량공급이 되며, 시장에 나오는 것은 비중은 크지 않다.

정창현 일부 학자들은 북의 시장 쌀값이 올라 근로자가 받는 임금으로는 사 먹지 못할 정도로 턱없이 비싸 식량난에 허덕이고 있다는 분석을 내놓고 있다. 그러나 이러한 주장은 북 당국과 기업소들이 식량 필요량의 2/3정도는 배급 또는 공급해 주고 있다는 점을 간과한 것이다.

이찬우 북 주민들이 시장(장마당)이나 슈퍼마켓에서 수요되는 쌀의 대부분을 사는 것은 아니다. 이것은 분명하다. 실제로 한 달에 20kg을 전부 kg당 5,000원에 산다는 것은 말이 안 된다. 배급 및 공급분 외에 부족분을 시장이나 슈퍼마켓에서 비싸게 구입하는 것이다. 또 '7·1조치'이후 북의 월급은 큰 틀에서 보면 생활비체계에서 임금체계로 바뀌었다. 즉 이전, 엄밀하게 이야기하자면 1980년대 후반까지는 식량 공급 등 후방사업을 국가와 기업소 등이 담당했기 때문에 근로자들에게는 그야말로 낮은 수준의 생활비가 지급됐다. 그러나 '7·1조치'이후에는 후방사업을 해결하지 못하는 부분을 고려해 생활비 외에 플러스알파를 포함하는 임금을 지급하고 있는 것으로 보인다.

정창현 2006년 5월 평양의 몇 개 공장을 직접 방문해 그 같은 사례를 확인한 적이 있다. 당시 평양시 평천구역에 있는 평양 3월 26일 전선공장을 방문해 '재정공시'를 확인했더니 2005년 이 공장 근로자의 1인당 평균 임금은 북쪽 돈으로 월 1만 5,000~2만 원 수준이었다. 당시 기준 생활비 2,000~3,000

원보다 3~6배 수준이었다. 당시 이 공장은 월평균 7,437만 8,000원의 총수입 목표를 20%이상 초과한 8,966만 7,000원의 수입을 올렸고, 이에 따라 성과급이 지급된 결과다. 이 때도 소속 부서와 개인별 실적에 따라 다달이 임금이 다르게 지급되고 있었다. 중국의 지원으로 건설된 대안친선유리공장도 근로자 평균 임금이 1만 원 정도였다.

2003년 초 북의 농업분야 개혁과 관련해 '포전담당제'가 실시되기 시작했다는 보도가 나왔다. 포전담당제는 협동농장의 분조 단위를 기존 15~20명에서 5명 정도까지 줄인 뒤 농지를 할당해 경작토록 하는 제도로 알려져 있다. 북은 2004년에 황해북도 수안, 함경북도 회령 등지에서 포전담당제를 시범적으로 시행한 것으로 전해진다. 이번에도 시범적 실시로 봐야 되는 것인가?

농업 분야 개혁의 핵심 '포전담당책임제'

이찬우 그렇다고 본다. 2003년 《조선신보》의 보도를 봐도 황해남도 재령군 삼지강협동농장의 3작업반 1분조가 전국적인 '본보기 분조'가 됐다며 포전담당제를 언급했다. 이 분조는 "여러 해 끈질긴 탐구로 선정된 다수확품종을 적극 받아들이면서 포전담당제를 실시하여 농장원들 모두가 분조 농사를 자기들이 책임졌다는 자각을 더욱 높이도록 하고 있다"고 보도됐는데 아직까지는 '본보기'단계이며 전국적으로 일반화됐다고 보기는 어렵다.

원래 포전담당제는 2004년 12월 김용술 무역성 부상이 일본에 왔을 때 시범적으로 도입됐다고 해서 화제가 됐었다. 이때 김 부상은 "협동농장 분조를 더 작은 단위로 하는 포전담당제가 시범적으로 도입됐다"며 "2002년 이후 토지 사용료와 비료, 디젤유, 농약, 종자 등 농업경영에 들었던 비용을 내놓고 나머지는 분조 단위에서 마음대로 쓸 수 있게 됐다"고 밝혔는데, 이 실험은 이후 공식화되지 못했고, 최근 북에서 거론되는 농민에 대한 분배방식의 개선과 거의 일치한다.

정창현 북의 농업분야 개혁은 기본방향만 마련돼 있고, 구체적인 방침은 2013년 초에 지난해 성과를 총화한 후 전국적으로 확대실시 여부가 결정된다는 것으로 요약되는 것 같다. 주제를 바꿔 대외개방, 경제특구 문제를 검토해 보자.

북은 해외자본 유치와 국토의 균형발전을 위해 서해안과 동해안 주요 도시를 중심으로 경제특구를 확대할 계획을 세운 것으로 보인다. 2012년 8월 장성택 노동당 행정부장이 중국을 방문했을 때 중국 측에 대규모의 인프라투자를 요청했고, 중국도 이를 받아들였다는 이야기도 흘러나오고 있다. 중국 지린성(吉林省) 정부 고위층도 장성택 부장 방중 직후 "북이 금강산과 개성공단 이상의 수준으로 나진·선봉, 남포, 해주, 신의주, 위화도, 해주, 청진, 김책을 특구로 확대 지정해 세부 시행계획과 투자유치 방침을 대외적으로 선언 하는 구상을 준비 중"이라고 확인했다. 6개의 경제특구와 2개의 관광특구 외에 김책시, 청진시도 일부 지역이 경제특구로 지정될 가능성도 제기됐다.

이찬우 북·미 핵 대결전이 일단락 되면, 그동안 검토한 경제특구 확대조치를 내놓고 제도 및 법제 정비와 함께 구체적으로 현실화시키는데 박차를 가할 것이다. 물론 해외자본이 유치 돼야 하기 때문에 아직까지는 북의 구상이라고 봐야 한다.

우선 지형적인 조건만 본다면 나선시 외에 청진과 원산이 유력하다. 청진의 경우 청진시에서 나진쪽으로 뻗어 올라가는 공간 있다. 기존 청진시가지에서 나진쪽으로 새로운 개방구를 만들 수 있다. 남쪽의 마창수출자유지역처럼 청진-나진항을 연결시키는 것이 가능할 것이다. 원산은 갈마비행장을 국제공항으로 재개발하고, 갈마비행장 뒤편 공간을 이용할 수 있으며, 원산항 명사십리 쪽을 관광 및 휴양개방지구로 만들 수 있다. 북은 이미 2013년 2월 정치국 결정으로 원산을 세계적인 국제관광특구로 만들 구상을 발표했다. 함흥과 흥남은 주거밀집지역이라 새롭게 개방구를 만들기가 쉽지 않을 것이다.

동·서해안 주요 도시 경제특구로 확대

정창현 북은 '강성대국 건설의 대문의 여는 해'로 선포한 2012년에 평양 재건설사업에 주력하는 모습을 보였다. 2013년부터 북은 평양에 새로 들어선 시설과 공장들을 '본보기'로 삼아 지방 주민의 생활향상과 공업활성화에 더 힘을 쏟을 것으로 예상된다. 북은 2012년 8월부터 본격적으로 지방경제 발전을 강조하며 본보기로 평안북도 창성군을 내세우기 시작했다.

또한 김정은 제1위원장은 2012년 1월 문을 연 '광복거리 상업중심'(대형슈퍼마켓), 대형전문상점 등을 평양의 각 구역과 지방의 주요 도시에 건설하라는 지시를 내렸고, 평양에 새로 건설된 아파트, 놀이공원을 '본보기'로 각 지방에도 자체적으로 건설하도록 했다. 문제는 재정 확보다. 2002년 '7·1조치' 즉, 사회주의경제관리개선조치가 발표된 후 북의 각 도·시는 독자적으로 자체 예산을 짜고, 그에 해당되는 재정을 상당부분 자체적으로 조달해 왔다. 이러한 조건에 각 도·시에서 주요 사업을 진행하기 위해서는 재정확보가 선결돼야 한다. 지난 몇 년간 지방경제 활성화를 대대적으로 추진하지 못한 것도 이와 관련돼 있다.

재정문제를 해결하기 위해 각 도·시인민위원회에서는 우선 자체적으로 해외자본 유치에 나서고 있다. 실제로 김정은 제1위원장이 평양에 건설된 대형슈퍼마켓, 해맞이식당 및 상점과 유사한 대형상점의 지방 건설을 지시함에 따라 신의주 등 주요 지방도시에서는 대형상점 개장을 위한 투자 유치에 나서고 있는 것으로 전해진다. '광복거리상업중심' 도 중국자본의 투자를 받아 운영되고 있는 것처럼 지방 도시에서도 해외자본의 운영권을 보장하는 조건으로 해외자본 유치에 나선 것이다. 북에서 13개 시도, 220개 군에 자율성을 부여하고, 독자적인 대외무역도 허가했다는 이야기가 나온다.

이찬우 글쎄 아직까지는 얼마나 성과를 낼 수 있을지 불투명하다. 주요 도시에 개방구를 설치해 특구로 전면 개방한다는 것이 아니다. 현재까지 중앙과 중앙의 분배구조 개선이 별로 보이지 않는다. 연합기업소별 임금의 차별을 인정하고 잘 팔리는 물건 만들면 더 벌수 있게 했다. 필요 없는 인원을 감원할 수 있는 권한도 주어졌다. 이러다 보니 지역 간, 기업 간 격차가 확대되는 것은 불가피하다. 북은 중앙과 지방의 격차를 해소할 수 있다는 자신감을 갖고 있지만 현재까지 해소되고 있다는 것은 검증되지 않았다.

북은 북쪽 식으로 '본보기'를 통한 해결방식으로 풀어나간다. 예를 들어 평양에 집중한 후 이를 다른 도시나 도로 확산시킨다. 이렇게 제2의 본보기가 만들어지면 이를 다시 제3의 본보기를 만들어 격차를 해소해 나가는 방식이다. 최근 북의 경제이론지인 《경제연구》를 보면 지배인의 '기업소 경영전략'이라는 말이 많이 나온다. 격차를 인정하다 보니 기업소의 경영전략이 중요해진 것이다. 생산성을 올릴 뿐만 아니라 잘 팔아야 하니까 경영과 판매전략을 고민하게 된다.

평양에 대형 슈퍼마켓과 전문상점이 들어선 후 평양의 각 구역마다, 지방의 주요 도시에 슈퍼마켓을 짓거나 지을 계획을 수립해 놓은 것은 사실이다. 기존 시장과 병렬적으로 운영할 것으로 보인다. 대형 상점을 중심으로 새로운 유통망이 형성될 경우 현재의 종합시장은 축소될 것이다. 또한 대형 상점들에는 국내산 소비재를 우선 공급한다. 90%가 중국산이란 말은 옛날 이야기다.

정영철 지방·지역 단위의 특화, 각 지방의 정책결정의 자율성 등이 어느 수준까지 부여되고 있는지 궁금하다. 또 독자적으로 무역을 하기 위해서는 해외시장 파악 능력이 있어야 하는데….

이찬우 앞으로의 과제다. 이제 하려고 하는 것이다. 도 단위, 군 단위로 내려서 해외에 직접 팔고 하는 것까지 실제로 하는 사람이 지방사람인지, 평양에서 내려보낸 사람인지, 평양에 대리 사무소가 있는지 아직은 알 수 있다. 중앙에서 지방 단위의 요구를 받아 처리하는 새로운 기구를 만들 수도 있다.

정창현 일부 보도에 따르면 2012년 황해북도에서 아사자가 발생했다고 한다. 이러한 사례와 북·중 무역의 감소 등을 근거로 북의 경제가 침체되고 있다는 결론을 내리고 있다. 그러나 실제 북을 방문했던 인사들의 전언을 들어보면 북의 경제가 꾸준히 성장하고 있다고 한다.

이찬우 2012년 황해북도에서 아사자가 발생했다는 것은 사실이 아니라고 본다. 홍수가 나고 여러 가지 요인이 겹쳐서 황해도 일부에서 식량부족 현상이 나타났던 것은 사실이다. 공급이 일시적으로 되지 못한 것은 사실이지만 황해도 지역 '아사설'은 이러저러한 소문이 결합·증폭돼 중국에 나온 것일 뿐이다. 북은 2012년 자체 식량생산량과 해외 수입분을 합쳐 최소 식량수요량인 550만 톤에 근접한 양을 확보했다고 본다.

외자 유입 통로 다양화

전현준 일부에서는 남북경협이 중단돼 북이 굉장히 어려워졌다고 한다. 그러나 개성공단에 입주한 기업인들을 만나보면 오히려 중국에 나가려는 북쪽 인력수요가 폭증해 개성공단 인력을 빼 갈까봐 걱정한다. 북이 남북경협에 매달릴 이유가 없는 것이다. 금강산 관광도 들어갈 기업도 없고 수익성 문제도 있다.

이찬우 중국에 파견되는 북 인력이 개성공단 입주 노동자의 두 배 정도다. 개성공단 인력을 빼 갈 정도로 인력이 부족한 상태는 아니다. 다만 개성공단 임금이 최대 130달러 정도인데, 북의 미숙련 노동자가 중국에 파견갈 경우 250달러를 받는다. 북이 굳이 개성공단에 목을 멜 이유가 없다. 남쪽에서는 금강산관광이 중단돼 북이 현금수입에서 타격을 받았다고 하는데, 실정을 잘 모르는 이야기다. 북은 중국 동북지역에 파견된 20대 IT인력만으로도 연 6천만 달러 이상을 벌어들이고 있다.

정창현 남북관계가 정상화되더라도 북이 남북경협에 크게 신경을 쓰지 않을 것이라는 전망도 있다.

이찬우 남쪽 기업의 대규모 인프라 투자에는 적극성을 보일 것이다. 그러나 북·중경협이 활성화되면서 북은 과거보다 남북경협에 소극적인 태도를 보일 것으로 전망된다. 남북경협이 아니라도 외화를 벌어들일 수 있는 통로가 다양해진 것이다.

정창현 2002년 '7·1조치'가 몇 년간 시행되다 지속되고 못하고 계획경제를 우선시 하는 의견에 밀려 좌초된 경험이 있다. 최근 북에서 실시되거나 실시하려고 하는 일련의 경제개선과 대외개방 조치들도 또 다시 제동이 걸릴 가능성이 있다.

이찬우 그럴 가능성이 있다. 무역회사들을 내각 산하로 이동시킨 군대 내부에서 반발할 수도 있다. 그러나 평화적인 국제환경이 조성되고, 평화체제가 형성된다면 경제개혁은 탄력을 받을 것이다. 또 김정은 제1위원장이 강조한 것처럼 '지식경제시대에 맞는 경제구조의 완비'는 북이 거스를 수 없는 시대적 과제이기도 하다.

정창현 많은 북 경제전문가들은 올 국제사회의 대북 경제제재가 강화되면서 북 경제가 굉장히 어려워 질 것으로 전망한다.

이찬우 경제적 측면만 보면, 북·중 무역의 감소 등으로 북의 경제 전망을 부정적으로 보는 시각은 근거가 부족하다. 지금 북쪽의 경제개선 정책이나 내부 경제를 봤을 때 그동안 기업 구조조정도 하고, 기계류도 들여오고 해서 일정하게 자립적 경제를 꾸려갈 토대가 마련됐다고 본다. 폐쇄할 공장들을 제외하고 나면 북의 실제 공장 가동률은 60~70%대까지 올랐다고 본다. 전반적으로 보면 북·중경협이 완전히 막히지 않는 한 향후 북한 경제는 비관적이지 않다고 전망할 수 있다.

저자 이찬우

서울대학교 국사학과를 졸업한 후 대우경제연구소 연구위원으로 활동하다 1999년 일본으로 건너가 동북아시아경제연구소(ERINA) 객원연구원, 사사가와(笹川)평화재단 주임연구원과 범아시아기금실장을 거쳐 현재 일본 테이쿄(帝京)대학 교수로 재직하고 있다.
주요 글로는 「남북 교역 및 위탁가공 10년의 평가」, 「북한의 외국인직접투자 현황과 잠재적 투자분야」, 「남북경제협력과 통일의 정세」, 「조선민주주의인민공화국 경제정책의 특성」, 「한반도에서의 에너지협력」 등이 있다.

이찬우 교수의 한반도 평화경제론

동북아의 심장을 누가 쥘 것인가

초판 1쇄 인쇄 2015년 1월 22일
초판 1쇄 발행 2015년 1월 30일

지은이 이찬우
펴낸곳 역사인
펴낸이 정예은
주소 서울시 마포구 마포동 324-3 경인빌딩 4층
전화 02-718-4831~2 **팩스** 02-703-9711   **홈페이지** http://kyungin.mkstudy.com
등록 제313-2010-60호 (2010년 2월 24일)
ISBN 978-89-967243-5-3 93300
가격 13,000원